MOEWIG
DOKUMENTATION

Martin Pfitzmann

U-Boot Gruppe Eisbär

Einsatz vor Kapstadt

MOEWIG
Originalausgabe

MOEWIG Band Nr. 4351
Moewig Taschenbuchverlag Rastatt

Umschlagillustration: Süddeutscher Verlag
Fotos im Innenteil: Martin Pfitzmann, Kiel
Umschlagentwurf und -gestaltung: Franz Wöllzenmüller, München
Verkaufspreis inkl. gesetzl. Mehrwertsteuer
Auslieferung in Österreich:
Pressegroßvertrieb Salzburg, Niederalm 300, A-5081 Anif
Printed in Germany 1986
Druck und Bindung: Elsnerdruck, Berlin
ISBN 3-8118-4351-6

Inhaltsverzeichnis

Einführung

Mit diesem Buch soll kein Forum geschaffen werden, auf dem Beifall für schreckliche Kriegshandlungen gespendet werden, wo drei Hurras auf Führer und Vaterland ausgerufen, das Hohelied auf soldatische Tugenden gesungen und den hehren Begriffen von Tapferkeit und falschem Heroismus gehuldigt wird.

Dies Buch erhebt nicht den Anspruch, einen lückenlosen Bericht des U-Boot-Krieges zu vermitteln, jedoch soll es Zeugnis ablegen vom Leben der U-Boot-Besatzungen und von der Faszination des U-Boot-Fahrens an sich.

U-Boot-Besatzungen waren gewiß keine Paradesoldaten, aber sie schlugen sich in zäher Verbissenheit. Stilles Heldentum und unabdingbarer Durchhaltewillen zeichneten sie aus – ob Leitender Ingenieur, Tiefenrudergänger, E-Maschinist oder Torpedomixer, Obermaschinist, gemeiner Seemann, Sanitätsmaat, Smut (Koch), Wachoffizier oder Kommandant.

Die Besatzung jedes U-Bootes hat in der schwersten Zeit des Krieges mit Zähigkeit, Härte und Toedsverachtung die Auseinandersetzung mit dem Gegner auf sich genommen, hat unsägliche Strapazen ertragen. Für jeden einzelnen Mann war es ein stetiges Ringen um das eigene Leben.

Heute sind die Kriegserfahrungen für viele nahezu verdrängt. Diejenigen, die dabei waren, schweigen zumeist. Sie wissen: Den heranwachsenden Generationen, die keine Drangsal kennen, fehlt jegliche Vorstellung von dem, was Menschen vor ihnen auf sich nehmen mußten. Doch die Schicksale der U-Boot-Fahrer ziehen andererseits jeden in ihren Bann, der sich Achtung und Ehrfurcht vor solch außergewöhnlichen Leistungen bewahrt hat. Selbst die einstigen Gegner bescheinigen ihnen ausnahmslos, daß sie in Erfüllung ihrer Pflicht Außerordentliches vollbrachten.

Vorwort

Mit der Einführung des Geleitzugsystems an der Ostküste der Vereinigten Staaten und in der Karibischen See waren in diesem Seeraum die Verhältnisse für den U-Boot-Krieg seit Anfang 1942, obwohl schwache Stellen der gegnerischen Abwehr bekannt waren, ungünstiger geworden. Das veranlaßte den Befehlshaber der U-Boote (BdU), U-Boot-Angriffe in ferner liegende Seegebiete zu planen, soweit diese im taktischen Sinne lohnend erschienen. Vor allem aber zwangen sie auch den Gegner, für die U-Boot-Bekämpfung überall Kräfte bereitzuhalten und sich damit aufzusplittern.

Seit April 1942 passierten die im Nord-Südverkehr von und nach England laufenden Geleitzüge in stärkerem Maße die Westküste Afrikas, um den kürzesten und sparsamsten Weg nach Norden oder Süden zu nehmen. Als Schwerpunkt des ökonomischen U-Boot-Einsatzes plante der BdU somit das Seegebiet vor Kapstadt, zumal alle nach Norden oder Süden fahrenden Handelsschiffe aus der östlichen Welt das Kap der Guten Hoffnung umrundeten.

Der Anmarsch in dieses ferne Seegebiet betrug etwa 6000 Seemeilen*. Eine Operation vor Kapstadt war daher auch für die IX-C-Boote nur mit Hilfe eines U-Tankers möglich, der die Boote unterwegs mit Brennstoff versorgen konnte. Dem BdU erschien dieser See-

* 1 Seemeile (sm) = 1852 m; 1 Knoten (kn) = 1 Seemeile pro Stunde = 1,852 km/h

raum trotzdem sehr lohnend, zumal er annehmen konnte, daß bei der „Jungfräulichkeit“ des Operationsgebietes die U-Boote dort sehr schnell zu großen Erfolgen – was sich bestätigte – kommen würden. Für diesen Einsatz vor Kapstadt wurde eine Gruppe von erfahrenen Kommandanten von IX-C-Booten gemeinsam mit U-Boot-Tankern vorgesehen.

In den Tagen vom 16. bis 20. August 1942 liefen sechs große Boote vom Typ IX C und ein U-Tanker unter den Kommandanten gemäß folgender Aufstellung aus:

U 68 (Korvettenkapitän Merten),
U 156 (Korvettenkapitän Hartenstein),
U 159 (Kapitänleutnant Witte),
U 172 (Kapitänleutnant Emmermann),
U 179 (Korvettenkapitän Sobe) und
U 504 (Korvettenkapitän Poske).

Ferner ging zur Versorgung dieser Boote nach der langen Anreise von den Biskaya-Häfen U 459 (Korvettenkapitän von Willamowitz-Möllendorf) nach Kapstadt in See.

Die Boote marschierten gemeinsam nach Süden und hatten bis zu 5 Grad südlicher Breite volle Angriffserlaubnis. Weiter südlich jedoch beschränkte sich diese Anweisung nur auf wertvolle Ziele, um das Überraschungsmoment für dieses erste Operieren im Seegebiet vor Kapstadt nicht zu gefährden. Während des Anmarsches war strikt darauf zu achten, vom Gegner unbemerkt zu bleiben. Jeder Angriff war bis zu einem vom BdU festgelegten Zeitpunkt untersagt, ausgenommen große Passagierdampfer oder Flugzeugträger.

U 156 (Hartenstein) versenkte auf dem Anmarsch vor der westafrikanischen Küste die über 30 000 BRT große

LACONIA, auf der sich zirka 1500 italienische Gefangene und Internierte aus den besetzten italienischen Kolonien befanden. Während die übrigen U-Boote ihren Marsch nach Süden fortsetzten, verblieb U 156 auf Befehl des BdU bis zum Abschluß der Rettungsaktion an der Untergangsstelle und wurde somit aus der „U-Boot-Gruppe ‚Eisbär'" herausgezogen.

Der festgelegte Treffpunkt mit dem Versorgungs-U-Boot U 459 – zirka 500 Seemeilen südsüdöstlich von St. Helena – wurde von allen Booten der „U-Boot-Gruppe ‚Eisbär'" pünktlich am Abend des 22. September 1942 erreicht, bis auf U 159, das erst am Nachmittag des 25. September 1942 eintraf.

Der LACONIA-Fall

In den Tagen vom 16. bis 20. August 1942 liefen sechs große U-Boote – davon fünf vom Typ IX C und eines vom Typ IX D – sowie ein U-Tanker unter bewährten Kommandanten zu einer seit langem geplanten Unternehmung vor Kapstadt von ihrem an der westfranzösischen Atlantikküste gelegenen Stützpunkt Lorient aus. Es waren die Boote U 68 (K.Kpt.* Merten), U 156 (Kptlt.** Hartenstein), U 159 (Kptlt. Witte), U 172 (Kptlt. Emmermann), U 179 (Kptlt. Sobe) und U 504 (K.Kpt. Poske). Zur Versorgung dieser Boote, die sich 500 Seemeilen südsüdostwärts der im Südatlantik gelegenen Insel St. Helena treffen sollten, lief gleichzeitig der U-Boot-Tanker (Versorgungs-U-Boot) U 459 (K.Kpt. von Willamowitz-Möllendorf) von dem an der französischen Biscaya-Küste gelegenen Stützpunkt St. Nazaire aus.

Die Boote, die zur Vereinfachung im Funkverkehr wie auch aus Tarnungsgründen die Bezeichnung „U-Boot-Gruppe ‚Eisbär'" erhalten hatten, marschierten gemeinsam nach Süden. Auf dem Weg nach Süden versenkte K.Kpt. Merten mit seinem Boot U 68 am 12. September 1942 um 3.32 Uhr im Mittelatlantik (Marinequadrat FF 8588) auf der Position 04°30'S/07°50'W das britische Motorschiff TREVILLEY (5296 BRT) durch Torpedotreffer und Artilleriebeschuß.

In den späten Abendstunden des 12. September 1942,

* Korvettenkapitän
** Kapitänleutnant

ziemlich genau auf der Grenze von 05° südlicher Breite, torpedierte Kptlt. Hartenstein mit seinem Boot U 156 den britischen Passagierdampfer LACONIA (19 695 BRT), der von der englischen Admiralität als Truppentransporter verwendet wurde. Nach dem britischen Handbuch der bewaffneten Schiffe war der Passagierdampfer mit 14 Geschützen bewaffnet. Die vom Artillerieoffizier der LACONIA später gemachte Aussage ergab eine Bewaffnung von acht Geschützen, darunter zwei 15-cm-Geschützen zur Verwendung gegen Schiffsziele und außerdem von Fla*-Geschützen und Fla-Maschinenwaffen sowie Wasserbombenwerfern und Asdic-Geräten**.

Als die LACONIA im Mittelatlantik am 12. September 1942 um 22.07 Uhr im Marinequadrat FF 7721 auf der Position 05°05′S/11°38′W gesunken war, hörte der Kommandant von U 156 (Kptlt. Hartenstein) italienische Hilferufe und stellte bei der Rettung der Schiffbrüchigen fest, daß auf dem Schiff italienische Kriegsgefangene gewesen waren. Nach späteren englischen Angaben befanden sich auf dem Passagierdampfer 436 Mann britische Besatzung und 268 britische Urlauber mit 80 Frauen und Kindern sowie 1800 italienische Kriegsgefangene mit 160 polnischen Kriegsgefangenen aus Rußland als Gefangenenwärter an Bord.

Der Befehlshaber der U-Boote, Admiral Dönitz, erhielt von U 156 am 13. September 1942 um 0.12 Uhr über die Versenkung des Passagierdampfers folgende Funkmeldung:

* Flugabwehr
** Geräte zur Ortung von U-Booten

„Versenkt von U 156 Hartenstein Brite LACONIA Marinequadrat FF 7721, 310 Grad. Leider mit 1500 italienischen Kriegsgefangenen. Bisher 90 gefischt, 157 cbm*, 19 Torpedos, Passat 3**, erbitte Befehle."

Der BdU traf auf diesen Funkspruch von U 156 eine Entscheidung, die den Grundsätzen des Seekrieges bei allen Nationen der Welt, wonach Kriegführen vor Retten geht, widersprach.

Für die Behandlung Schiffbrüchiger galt entsprechend dem Genfer Abkommen vom Oktober 1907 in der deutschen Kriegsmarine der Grundsatz, Schiffbrüchigen zu helfen, wenn dadurch das eigene Schiff nicht gefährdet und die Durchführung der militärischen Aufgaben nicht beeinträchtigt würde. Voraussetzung für diese selbstverständliche Ehrenpflicht zu retten, war also, daß die Kampfhandlungen abgeschlossen waren. Während des Kampfes, und wenn noch mit weiteren Kampfhandlungen zu rechnen war, mußten Rettungsmaßnahmen zwangsläufig unterbleiben. Es lag allein in der Ermessensfreiheit des Kommandanten eines Schiffes zu beurteilen, ob die Kampfhandlungen abgeschlossen waren und die Sicherheit seines Schiffes ein Retten möglich machte.

Die gleichen Grundsätze galten auch bei den Marinen anderer Nationen. So erklärte Flottenadmiral Nimitz, US Navy, als Zeuge im Nürnberger Prozeß: „Nach allgemeinem Grundsatz retteten die U-Boote der Vereinigten Staaten feindliche Überlebende nicht, wenn unnötige und zusätzliche Gefahr für das U-Boot daraus entstand

* noch vorhandener Ölvorrat
** Wettermeldung

oder das U-Boot dadurch verhindert wurde, einen weiteren Auftrag durchzuführen."

Diesem Grundsatz des Genfer Abkommens entsprechend wurde von den deutschen U-Booten in den ersten Kriegsjahren des II. Weltkrieges in zahlreichen Fällen den Schiffbrüchigen in allen Operationsgebieten Hilfe geleistet.

Im dritten Kriegsjahr 1942 hatte sich jedoch im Nord- und Mittelatlantik sowie im Mittelmeer die Situation dahin entwickelt, daß der Zustand „beendeter Kampfhandlungen" kaum noch eintrat, zumindest von den U-Boot-Kommandanten nicht mehr mit Sicherheit erkannt werden konnte. Fast überall in den Operationsgebieten mußte mit dem plötzlichen Erscheinen feindlicher Flugzeuge gerechnet werden. Das war für die U-Boote deshalb so gefährlich, weil die Boote zum Tauchen etwa eine Minute benötigten. In dieser Zeit konnte das Flugzeug aber bereits über dem U-Boot sein, wenn es nicht vorher schon auf sehr große Entfernung, also an der äußersten Grenze der Sichtweite, von der Brückenwache des U-Bootes gesichtet worden war. Voraussetzung für ein schnelles Tauchen – Alarmtauchen – für das U-Boot war außerdem, daß es sich in Fahrt befand und nur die Brückenwache sich auf dem Turm aufhielt. Wenn aber das U-Boot gestoppt dalag, wie es bei Hilfsmaßnahmen für Schiffbrüchige notwendig war, und sich dazu Angehörige der U-Boot-Besatzung an Deck des Bootes befanden, dann war die Alarmbereitschaft unterbrochen und das U-Boot jedem Angriff aus der Luft ausgeliefert.

Die zunehmende Luftüberwachung in allen Operationsgebieten erfüllte den BdU in der zweiten Hälfte des

Jahres 1942 mit größter Sorge. Er schrieb am 21. August 1942, also unmittelbar vor der Versenkung der LACONIA, nach Schilderung der zunehmenden Gefahr für die U-Boote durch die wachsende Luftüberwachung folgenden Bericht in sein Kriegstagebuch:

„Diese Erschwerung der Kriegsführung muß bei einer entsprechenden Weiterentwicklung der Luftüberwachung zu hohen, nicht tragbaren Verlusten sowie einer Verminderung der Erfolge in allen Operationsgebieten der U-Boote führen."

Wie gefährlich die Lage der U-Boote in allen Operationsgebieten war, zumal sie durch die ständig zunehmende Luftüberwachung jederzeit mit einem Angriff von Flugzeugen rechnen mußten, geht aus den Eintragungen des BdU in der Zeit vom 2. bis 8. September 1942 hervor. In diesen Monaten wurden in den verschiedenen Operationsgebieten U-Boote von Flugzeugen mit Bomben angegriffen und versenkt.

Trotz der Verschärfung der Lage, wobei es in der U-Boot-Kriegführung den Zustand abgeschlossener Kampfhandlungen eigentlich nicht mehr gab, blieb es somit eine Ermessensfrage der Kommandanten, Schiffbrüchige zu retten oder nicht.

Nach der Versenkung der LACONIA traf daher der Kommandant von U 156 nach alter Regel von sich aus die Entscheidung, ob die Kampfhandlung als beendet anzusehen war und er retten konnte. Er bejahte ersteres, rettete und meldete seine Entscheidung dem Befehlshaber der U-Boote.

Als dieser den Funkspruch von U 156 erhielt, war er sich aufgrund seiner größeren Erfahrung in keiner Weise sicher, daß infolge der permanenten Luftüberwachung die Kampfhandlungen für U 156 abgeschlossen waren. Er stand also vor der Entscheidung, ob er dem Kommandanten das Retten der Schiffbrüchigen verbieten sollte – was militärisch gesehen richtig gewesen wäre, weil Hartenstein mit seinem Boot auf das höchste gefährdet war –, oder ob er das Retten billigen sollte, dann aber U 156 bei der Erfüllung der Rettungsaufgabe helfen müßte. Admiral Dönitz entschloß sich, unter Aufgabe weiterer militärischer Operationen Hartenstein mit U 156 bei der Rettung der Schiffbrüchigen zu unterstützen. Er leitete eine Rettungsoperation ein, in deren Verlauf von 811 an Bord befindlichen Engländern etwa 800, von den 1800 Italienern etwa 450 gerettet wurden. Außerdem brach er die Operation der nach Kapstadt bestimmten Boote der Gruppe ‚Eisbär' ab und schickte sie mit hoher Fahrt zu der Versenkungsstelle des britischen Passagierdampfers, um U 156 beim Retten der Schiffbrüchigen zu helfen.

Dönitz hatte außerdem noch die im Seegebiet vor Freetown operierenden U-Boote U 506 (Kptlt. Würdemann) und U 507 (K.Kpt. Schacht) zur Versenkungsstelle gesandt und gleichzeitig den italienischen Führer der U-Boote in Bordeaux gebeten, das im gleichen Seegebiet vor Freetown operierende italienische U-Boot CAPELLINI ebenfalls zu Hilfe zu schicken, was dann auch geschah. Da eine Übernahme aller Überlebenden durch die U-Boote unmöglich war, sollten die Boote mit den Schiffbrüchigen die französische Elfenbeinküste (Westafrika) anlaufen, um die Geretteten dort abzusetzen.

Die Seekriegsleitung teilte Dönitz nun mit, daß die französische Vichy-Regierung gebeten worden sei,

Kriegsschiffe zur Übernahme der Geretteten aus Dakar zur Untergangsstelle der LACONIA auslaufen zu lassen.

Die Funksprüche des BdU las, wie immer, die Seekriegsleitung mit, und das Führerhauptquartier bekam davon ebenfalls Kenntnis. Der Oberbefehlshaber der Kriegsmarine, Großadmiral Raeder, billigte den Entschluß, teilte Dönitz aber gleichzeitig mit, daß die U-Boote bei der Rettungsaktion nicht in Gefahr geraten dürften. Auch Hitler mischte sich ein und ließ Dönitz die Anordnung zukommen, daß die Operation der „U-Boot-Gruppe ‚Eisbär'" nicht beeinträchtigt werden dürfe. Vor allem dürften die Boote dieser Gruppe bei der Rettungsaktion auf keinen Fall in Gefahr geraten.

Zunächst stand U 156 allein am Versenkungsort. Kapitänleutnant Hartenstein nahm in der ersten Nacht 193 Schiffbrüchige – Engländer und Italiener – an Bord, am Morgen des 13. September 1942 wurden weitere 200 Überlebende geborgen und auf Rettungsboote verteilt, die noch nicht überfüllt waren.

Die LACONIA hatte nach der Torpedierung am Abend des 12. September 1942 um 22.22 Uhr auf der 600-m-Dampferwelle einen offenen SSSS*-Funkspruch mit ihrer Position abgegeben und gemeldet, daß sie torpediert worden sei. Ein verschlüsselter Funkspruch mit offenem Zusatz wurde am 12. September 1942 von dem sinkenden Schiff abermals auf der 25-m-Welle um 22.26 Uhr gesendet. Am Morgen des 13. September 1942, um 6.00 Uhr, ließ Hartenstein folgenden offenen Funkspruch auf der 25-m-Welle absetzen:

„If any ship will assist the ship-wrecked LACONIA-

*S = submarine = U-Boot

crew, I will not attack her providing I am not being attacked by ship or airforces. I picked up 193 men, 04°52′ South, 11°26′ West. German submarine."*

Dieser Funkspruch wurde von U 156 auf der internationalen 600-m-Welle am 13. September 1942 um 6.10 Uhr wiederholt. Es konnte also nach diesen Funksprüchen kein Zweifel darüber bestehen, daß die englischen Stellen von der Torpedierung des als Truppentransporter eingesetzten, bewaffneten Passagierdampfers LACONIA und der Rettungsaktion des deutschen U-Bootes U 156 Kenntnis erhalten hatten. Der Funkspruch von Hartenstein, daß er 193 Schiffbrüchige auf seinem Boot habe, erhöhte die Sorge des BdU um die Sicherheit der für die Rettungsaktion eingesetzten U-Boote.

Am 13. September 1942, 0.27 Uhr, ließ Dönitz folgenden Funkbefehl absetzen:

„Hartenstein mit U 156 in der Nähe der Untergangsstelle bleiben. Abgeteilte U-Boote nur so viel Schiffbrüchige übernehmen, daß Boote tauchklar bleiben."

Am 14. September 1942, 7.40 Uhr:

„Alle Boote, auch Hartenstein, nur so viele Schiffbrüchige in das Boot hineinnehmen, daß Boot in getauchtem Zustand ebenfalls voll verwendungsbereit ist."

Die Vichy-Regierung hatte mittlerweile die Zusage gegeben, französische Kriegsschiffe zum Versenkungsort der LACONIA zu schicken. Der BdU bekam damit die für die Operation im Seegebiet von Kapstadt vorgese-

* „Wenn irgendein Schiff der schiffbrüchigen Besatzung der LACONIA helfen will, werde ich es nicht angreifen, vorausgesetzt, daß ich nicht von Schiffen oder Flugzeugen angegriffen werde; ich rettete 193 Mann, 04°52′S/11°26′W. Deutsches U-Boot."

henen U-Boote – außer U 156 – wieder frei. Am 14. September 1942 erhielten die Kommandanten der zur Gruppe ‚Eisbär' gehörenden U-Boote von Dönitz um 7.40 Uhr den Befehl, soweit sie noch keine Geretteten an Bord hätten, den Marsch nach Süden in das Operationsgebiet vor Kapstadt fortzusetzen. U 506 und U 597, die beide aus dem Seegebiet vor Freetown kamen, wurden weiterhin mit U 156 zur Rettung der Schiffbrüchigen eingesetzt. Beide Boote trafen am 14. und 15. September 1942 am Versenkungsort ein. Sie beteiligten sich sofort am Zusammenschleppen der Rettungsboote und -flöße auf einen Sammelplatz, an dem die Übergabe der Geretteten an die aus Dakar ausgelaufenen französischen Kriegsschiffe erfolgen sollte.

Hartenstein hatte inzwischen auf seinem Boot 260 Schiffbrüchige, die er etwa zur Hälfte an U 506 abgab, so daß er auf seinem Boot noch 75 Italiener und 55 Briten, darunter fünf Frauen, behielt. Auch U 507 (K.Kpt. Schacht) war in kurzer Zeit mit Schiffbrüchigen überfüllt.

In den Mittagsstunden des 16. September 1942 ereignete sich ein Vorfall, den Hartenstein in seinem Kriegstagebuch wie folgt schilderte:

„11.25 Uhr, kurz vor Erreichen der beiden übrigen Boote aus rw 70°, viermotoriges Flugzeug mit amerikanischen Abzeichen. Zum Zeigen meiner friedlichen Absichten große Rotkreuzflagge 2 × 2 m auf der Brükke quer zur Anflugrichtung gezeigt. Flugzeug überfliegt uns einmal und kreist längere Zeit in der Nähe, Morseverkehr mit ‚Woher?' und ob Dampfer in der

Nähe gesehen, mißlingt. Fliegt nach SW ab und kommt nach halber Stunde kurz wieder.

12.32 Uhr Anflug von Maschine gleichen Typs. Passiert in 80 m Höhe kurz vor Bug, wirft zwei Bomben mit etwa 3 sec. Verzögerung. Während noch achtere Schleppleine mit vier Rettungsbooten losgeworfen wird, wirft Flugzeug eine Bombe mitten in die Rettungsboote. Ein Rettungsboot kentert. Flugzeug kreist in der Nähe und wirft nach einiger Zeit seine vierte Bombe 2000–3000 m weit ab. Erkenne Bombenschacht leer. Erneuter Anflug, 2 Bomben, eine detoniert mit Sekunden Verzögerung direkt unter Zentrale. Turm verschwindet in schwarzer Wasserglocke. Zentrale und Bugraum melden Wassereinbruch. Klar bei Schwimmwesten. Befehl: Alle Briten von Bord. Habe keine Tauchretter für sie.

13.11 Uhr Kriegsnotmeldung auf 4 verschiedenen Wellen, je dreimal abgesetzt. Zu den Rettungsbooten zurückgelaufen. Dort alle von Bord gegeben. Die letzten mit sanfter Gewalt. Meldung über Wassereinbruch wird widerrufen. Kein Leck.

13.56 Uhr mit U 156 getaucht. Boot ausgetrimmt. Mit Kurs 270 Grad abgelaufen. 16.00 Uhr Schäden, soweit möglich, beseitigt. Ausfälle: Luftzielrohr fest, Standsehrohr nicht zu schwenken, sieben Batteriezellen ausgelaufen, weitere unsicher. Kühlwasserflansch Diesel gerissen. Funkpeiler gerissen. Lot- und Horchanlage unklar. Vorzügliches, umsichtiges Arbeiten des technischen Personals."

Hartenstein meldete diesen Vorfall am 16. September 1942, 23.04 Uhr, auch an den BdU.

„Von Hartenstein. Amerikanische Liberator beim

Schleppen von vier vollen Rettungsbooten trotz 4 qm großer Rotkreuzflagge auf Brücke bei guter Sicht im Tiefflug fünfmal gebombt. Beide Sehrohre vorläufig unklar. Breche Hilfe ab, alles von Bord, absetze nach West. Repariere. Hartenstein."

Nachdem Dönitz diese Meldung erhalten hatte, gab er sofort folgenden Befehl:

„0.19 Uhr, 17. 9. Sicherheit des Bootes darf unter keinen Umständen gefährdet werden. Alle Maßnahmen, auch Abbrechen der Bergungstätigkeit, rücksichtslos ergreifen. Annahme irgendwelcher Schonung durch den Gegner ist völlig abwegig . . ."

Nach diesem Angriff auf U 156 wäre es von seiten des BdU militärisch richtig gewesen, von sich aus die gesamte Rettungsaktion einzustellen. Der Bombenangriff auf U 156 bewies schließlich eindeutig, in welcher Gefahr sich die U-Boote befanden, die zudem noch mit Schiffbrüchigen überfüllt waren.

Es kam zu einer temperamentvollen Besprechung im Stab des BdU, in der mit Recht auch die Meinung vertreten wurde, daß weitere Rettungsversuche unverantwortlich seien. Admiral Dönitz konnte sich jedoch nicht zum Abbruch der Rettungsaktion entschließen, nachdem einmal damit begonnen worden war, und beendete die Diskussion mit den Worten: „Ich kann die Leute jetzt nicht ins Wasser setzen, ich mache weiter."

Dönitz war sich selbstverständlich bewußt, daß er die volle Verantwortung zu tragen haben würde, falls bei einem erneuten Angriff ein U-Boot beschädigt oder verlorengehen würde.

Über einen Umstand gab es bei ihm jedoch keinen

Zweifel: Der Gegner hatte durch die SSSS-Meldung der LACONIA und den offenen Funkspruch von U 156 in englischer Sprache genaue Kenntnis von der Versenkung des Schiffes und der schwierigen Lage der Überlebenden. Er hatte trotzdem in den vier Tagen des Rettungsvorganges nicht nur nichts getan, um den Schiffbrüchigen, unter denen sich ja auch etwa 1000 Briten und Polen befanden, zu helfen, sondern nur die Gelegenheit benutzt, die U-Boote zu bekämpfen.

Bei dieser desinteressierten Haltung der englischen Stellen war es für den BdU nun selbstverständlich, die Rettungsaktion nur noch auf Italiener zu beschränken, da diese Bundesgenossen waren.

Am 17. September 1942, 1.51 Uhr, gab er daraufhin folgenden Befehl:

„An U 506 und U 507: Boote müssen jederzeit alarmtauchklar und unter Wasser voll verwendungsbereit sein. Gerettete, die an Bord sind, entsprechend an Rettungsboote abgeben. Nur italienische Menschen an Bord behalten. Zum Treffpunkt gehen und dort an Franzosen abgeben. Vorsicht vor feindlicher Einwirkung, Flugzeuge und U-Boote."

In der Sorge, daß sich vielleicht auch die Kommandanten von U 506 und U 507 – wie vorher Hartenstein – leichtgläubig auf das Setzen einer Rotkreuzflagge verlassen würden, gab der BdU am 17. September 1942 noch folgende Anweisung:

„Keine Rotkreuzflagge setzen, da ihr Zeigen
1. international nicht vorgesehen,
2. auf keinen Fall und am wenigsten beim Engländer Gewähr für Schonung bietet."

Dönitz bekam sehr bald die Bestätigung dafür, daß es militärisch falsch war, weiter Schiffbrüchige zu retten. Am 17. September 1942, 12.22 Uhr, wurde Würdemanns U 506 mit 142 Geretteten an Bord, darunter Frauen und Kinder, von einem schweren Seeflugzeug, das vermutlich von einem Flugzeugträger oder Hilfsflugzeug kam, mit Bomben angegriffen.

Nur der Aufmerksamkeit des guten Brückenausgucks war es zu verdanken, daß das U-Boot nicht vernichtet wurde. Die drei Bomben explodierten, als Würdemann mit seinem Boot bereits auf 60 m Wassertiefe war.

Auch im Laufe des 17. September 1942 erschienen keine englischen Schiffe, um die Schiffbrüchigen zu übernehmen. Die beiden französischen Minensuchboote ANNAMIETE (645 t) und GLOIRE (645 t) trafen am 17. September 1942 auf dem verabredeten Treffpunkt ein, um die Geretteten von den U-Booten zu übernehmen. Den Aussagen der italienischen Schiffbrüchigen entsprechend, hatten die Briten nach dem Torpedotreffer auf der LACONIA die Schotten zu den Wohnräumen der Gefangenen geschlossen und den Versuch der Italiener, in die Rettungsboote zu gehen, mit der Waffe abgewehrt. Das hatte zur Folge, daß die Zahl der geretteten Italiener sehr gering war.

Nachdem die Schiffbrüchigen an die beiden französischen Kriegsschiffe abgegeben waren und die mehrere Tage dauernde gefährliche Rettungsaktion als abgeschlossen angesehen werden durfte, war es Dönitz klar, daß er in keinem Fall noch einmal U-Boote und ihre Besatzungen durch Rettungsmaßnahmen dieser Art riskieren durfte. Bereits in den Tagen vor dieser Schiffstragödie war in seinem Kriegstagebuch eine Fülle von Eintragungen über das Sichten von Flugzeugen, ihre Angriffe auf U-Boote und Verluste von Booten durch Flugzeuge in allen Seegebieten gemacht worden. Dönitz hatte die Kommandanten immer wieder darauf hingewiesen, daß die Gefahr aus der Luft nicht ernst genug genommen werden könne. Immer wieder hatte er hören müssen, daß die Kommandanten dazu neigten, die Gefahr von Flugzeugangriffen zu unterschätzen. Zu leicht hielt ein U-Boot-Kommandant, wenn kein Flugzeug in Sicht war, die Lage seines Bootes für vollkommen sicher, um im nächsten Augenblick, sobald eines erkannt wurde, erleben zu müssen, daß die Situation in Wirklichkeit bereits hoffnungslos geworden war. Denn das U-Boot brauchte, um die Brückenwache einsteigen zu lassen und unter Wasser zu kommen, rund eine Minute. In der gleichen Zeit durchflog das Flugzeug mindestens 6000 m.

Ein Ausguck auf dem U-Boot mußte also das Flugzeug spätestens auf 6000 m Entfernung erkennen. Wenn das Alarmtauchen überhaupt noch einen Zweck haben sollte, mußte das U-Boot auch auf eine ausreichende, vor den Bomben schützende Wassertiefe kommen. Ein Wegtauchen unter die Wasseroberfläche allein genügte also nicht. Somit mußte das U-Boot bei Überwasserfahrt ständig in höchster Alarmbereitschaft sein. Dazu gehörte auch, daß es möglichst hohe Fahrt lief; denn je höher die Geschwindigkeit eines U-Bootes war, desto geringer die Tauchzeit. Es gehörte ferner dazu, daß nur die Brückenwache sich auf dem Turm befinden durfte, damit das Einsteigen so schnell wie möglich vor sich ging. Diese Voraussetzungen waren nur unter günstigen Wetterbedingungen, d. h. bei klarem, wolkenlosem Wetter, niemals aber bei geringer Sicht gegeben. Alle diese Bedingungen waren indessen keineswegs erfüllt, wenn das Boot eine Rettungsaktion durchführte.

Bei der zunehmenden Aktivität der feindlichen Luftwaffe waren also Rettungsaktionen von U-Booten gleichbedeutend mit einem Selbstmord. Die vom BdU gegebenen wiederholten Anweisungen, nur zu retten, wenn keine Gefährdung des U-Bootes bestünde, reichten also nicht mehr aus. Das hatte die Versenkung der LACONIA nur zu deutlich gezeigt.

Am 17. September 1942, 19.08 Uhr, erhielt Dönitz von U 507 (Schacht) folgenden Funkspruch:

„17. September 1942 Italiener an französisches Minensuchboot ANNAMIETE abgegeben. Navigationsoffizier LACONIA und weitere englische Offiziere an Bord von U 507. Sieben Rettungsboote mit rund 330 Engländern und Polen, darunter 15 Frauen, 16 Kinder, im Marinequadrat FE 9612 deponiert. Frauen und Kinder eine Nacht an Bord untergebracht. Alle Schiffbrüchigen warme Mahlzeiten und Getränke, bekleidet und verbunden, soweit erforderlich. Weitere vier Rettungsboote mit Treibanker im Marinequadrat FE 9619. Beide Positionen an das französische Minensuchboot GLOIRE gegeben, das sofort zur Suche abgefahren ist."

Dieser Funkspruch zeigte die ganze Hilfsbereitschaft der in seemännischer Tradition erzogenen deutschen Marineoffiziere. Ein solches Verhalten war aber vom BdU jetzt nicht mehr zu verantworten. Aus welchem Blickwinkel seine damaligen Gegner den Fall sahen, sollte sich erst viel später herausstellen.

Der amerikanische General Robert C. Richardson, NATO-Hauptquartier Paris, hatte nach 21jährigem Schweigen im „Sunday Express“ vom 4. August 1963 folgendes erklärt:

„Ich gab den Befehl, die Überlebenden des Passagierdampfers LACONIA zu bombardieren. Wir wußten nicht, daß Briten sich unter ihnen befanden. Aber selbst wenn wir es gewußt hätten, würde ich keinen Unterschied gemacht haben. Ich würde den Befehl auf jeden Fall gegeben haben ... Es war Krieg, und das U-Boot mußte vernichtet werden.“

Diese Äußerung des amerikanischen Generals, der sich auch heute noch dazu bekennt, mit dem Retten von Schiffbrüchigen beschäftigte U-Boote im Krieg zu bombardieren, bedarf keines weiteren Kommentars.

Dönitz mußte aber einen Befehl erlassen, der solche Fälle künftig ausschloß und den U-Boot-Kommandanten die Ermessensfreiheit sowie die Entscheidung abnahm, ob potentielle Luftgefahr ein Retten erlaubte oder nicht. In dem zu erlassenden Befehl durfte die vermutliche oder tatsächliche Luftüberwachung nicht mehr die Voraussetzung dafür sein, ob von dem U-Boot gerettet werden durfte oder nicht. Der Admiral mußte den U-Boot-Kommandanten den Widersinn klar darstellen, der darin bestand, daß die feindlichen Handelsschiffe mit ihren Besatzungen als Kombattanten zu versenken waren, und letztere dann trotz fortlaufender Kampfhandlungen und unter eigener Bootsgefährdung, also im Widerspruch zu dem bei allen Nationen geltenden Grundsatz, gegebenenfalls wieder gerettet werden sollten.

Daß die Crews der alliierten Handelsschiffe aber Kombattanten und daher das rechtmäßige Ziel von Kriegshandlungen waren, darüber bestand kein Zweifel, denn:

„Die Handelsschiffe waren bewaffnet mit Geschützen, Wasserbombenwerfern und Asdic-Geräten, ihre Besatzungen zur Bekämpfung von U-Booten ausgebildet, die sie gemeinsam mit zusätzlich eingeschifften Soldaten ihrer Kriegsmarine bekämpften. Zudem waren die Handelsschiffe in das feindliche militärische System eingegliedert."

Am 17. September 1942 erhielten die U-Boot-Kommandanten schließlich durch einen BdU-Funkspruch folgendes Verbot, in welchem sich der Ausdruck „Vernichtung feindlicher Schiffe und Besatzungen" auf die Schiffe mit ihren Besatzungen an Bord bezieht. Darin hieß es:

„Jegliche Rettungsversuche von Angehörigen versenkter Schiffe, also auch Auffischen von Schwimmenden und Anbordgabe von Rettungsbooten, Aufrichten gekenterter Rettungsboote, Abgabe von Nahrungsmitteln und Wasser haben zu unterbleiben, Rettung widerspricht den primitivsten Forderungen der Kriegsführung nach Versenkung feindlicher Schiffe und deren Besatzungen."

Daß die Luftüberwachung und die damit verbundene Gefahr, von Flugzeugen angegriffen zu werden, so groß und der Befehl, nicht zu retten, um eine Gefährdung der eigenen U-Boote auszuschließen, zu dieser Zeit notwendig war, geht auch daraus hervor:

Alle drei U-Boote – U 156, U 506 und U 507 –, die sich an der Rettung der Schiffbrüchigen beteiligt hatten, waren bereits auf ihren nächsten Unternehmungen mit der gesamten Besatzung durch Fliegerbomben versenkt worden.

Die englische Anklage und die damalige feindliche Propaganda hatten durch die Behauptung, der Befehlshaber der U-Boote und spätere Großadmiral Dönitz habe mit der LACONIA-Order einen Mordbefehl erlassen, in der ganzen Welt zu jener Zeit großes Aufsehen erregt.

Im Nürnberger Prozeß hatte sich jedoch das Internationale Militärgericht, das sich aus Amerikanern, Engländern, Franzosen und Russen zusammensetzte, in seinem Urteil dieser Behauptung in keiner Beziehung angeschlossen. Die „deutsche U-Boot-Waffe und ihre Führung“ konnten wegen des U-Boot-Krieges nicht verurteilt werden.

In die Tafelbucht hinein

Am Abend des 22. September 1942 lagen vier U-Boote etwa 550 sm in südsüdostwärtiger Richtung der Insel St. Helena auf ihrem Treffpunkt im Südatlantik. Der U-Boot-Tanker U 459 unter K.Kpt.d.R.* von Willamowitz-Möllendorf war damit beschäftigt, an die Boote U 68, U 172 und U 504 Vorräte abzugeben und Öl in die Bunker der Boote zu pumpen. In den nördlicheren Seegebieten wäre eine derartige Konzentration „nicht erstrebenswert und gefährlich" gewesen, jedoch bei den im Südatlantik vorliegenden Verhältnissen hatten die U-Boot-Kommandanten nichts zu befürchten. Die Versorgung dieser Boote der Gruppe ‚Eisbär' wurde durch die hohe Dünung etwas behindert, ging aber trotzdem zügig voran.

Um 17.23 Uhr kam der Kommandant von U 172, Kptlt. Emmermann, an Bord von U 68, um mit dessen Kommandanten, K.Kpt. Merten, während der nächsten vier Stunden die Einzelheiten für den Eröffnungsangriff auf Kapstadt Reede durchzusprechen. Sie vereinbarten, die Reede von Kapstadt für eine erste Erkundung am 6. Oktober 1942 zu erreichen. Als „Zeitpunkt Null" wurde der 8. Oktober 1942, 0.30 Uhr, festgelegt. Jedes U-Boot würde das Kurzsignal „Nein" senden, wenn der Hafen gesperrt war, ferner, wenn es entdeckt würde oder mehr als zwei Sicherungsboote innerhalb der Linie Robben Island–Green Point stünden. Es wurde weiterhin

* der Reserve

beschlossen, daß alle Boote der Gruppe innerhalb 300 sm vor Kapstadt bei Tage getaucht bleiben sollten. Diese Vereinbarung wurde allerdings nicht immer genau beachtet. Ferner: Wenn U 159 (Kptlt. Witte) oder U 504 (K.Kpt. Poske) gesichtet werden sollten, hatten sie ihre Kameraden sofort durch ein Kurzsignal zu unterrichten. Die Einzelheiten dieser Vereinbarungen wurden bei K.Kpt. Willamowitz-Möllendorf auf U 459 zurückgelassen, um sie Kptlt. Witte zu übergeben, wenn dieser mit U 159 den Treffpunkt zur Versorgung erreicht haben würde.

Als am Abend des 23. September 1942 die Versorgung der Boote beendet war, verließen U 68, U 172 und U 504 den Treffpunkt mit Kurs zum Kap.

Vor dem Auseinanderlaufen übergab K.Kpt. Merten von U 68 zwei britische Gefangene, während Emmermanns U 172 einen Seemann mit einer Beinverletzung und einen anderen, „der ungeeignet für den U-Boot-Dienst“ war, abgab. Er erhielt zwei andere Seeleute als Ersatz.

U 159 unter Kapitänleutnant Witte erreichte den Treffpunkt im Südatlantik am Nachmittag des 25. September 1942 und setzte nach der Versorgung am Morgen des 26. September den Marsch in das Seegebiet vor Kapstadt fort. Korvettenkapitän von Willamowitz-Möllendorf lief danach mit U 459 nach Norden ab, um später eine vor der Küste von Westafrika operierende U-Boot-Gruppe zu versorgen.

Er sollte die Heimat nicht mehr wiedersehen.

Am 30. Juli 1943 fand er mit 19 Mann der Besatzung

U 68 läuft, von Südafrika kommend, als erstes Boot der U-Boot-Gruppe EISBÄR am 6. Dezember 1942 in den Stützpunkt Lorient ein

Korvettenkapitän Merten fährt mit U 68 sein letztes Anlegemanöver am 6. Dezember 1942 in Lorient

Korvettenkapitän Merten meldet das Boot von 5. Feindfahrt –
Kapstadt, Indischer Ozean – an Flottillenchef Schütze zurück

Korvettenkapitän Merten nach Verleihung des Eichenlaubs zum Ritterkreuz mit I. WO und LI auf dem Turm von U 68

seines Bootes nordwestlich von Kap Ortegal auf der Position 45°53'N/10°38'W den Tod. U 459 war in der Biscaya von einem „Wellington“-Bomber angegriffen worden. Das Flugzeug wurde abgeschossen, geriet in Brand und stürzte in der Nähe des U-Bootes in die See. Durch die Explosion einer Bombe wurde U 459 schwer beschädigt und tauchunklar. Korvettenkapitän von Willamowitz-Möllendorf befahl seiner Besatzung, das Boot zu verlassen. Während diese in Schlauchbooten wegpaddelten, winkte ihr Kommandant ihnen zum Abschied vom Turm zu, stieg dann ins Boot und sank mit den bei diesem Angriff gefallenen Seeleuten.

Drei Tage lang fuhren U 68 und U 172 gemeinsam nach Süden, auf das Kap zu. Am 27. September 1942 mußten die beiden Boote um 11.59 Uhr tauchen, als ein etwa 8000 BRT großer Frachter mit Kurs auf Kapstadt in Sicht kam.

An diesem Nachmittag hatten Kptlt. Emmermann und K.Kpt. Merten in Rufweite der Boote ein letztes Gespräch geführt und dabei vereinbart, auf der Rückreise vom Kap nach Norden zusammen zu operieren. Die Schwierigkeiten auf U 68 mit einem defekten Torpedorohr – infolge Sabotage – konnten jedoch bei der Reparatur am 30. September 1942 von dem technischen Personal mit Erfolg behoben werden. Am Abend des 2. Oktober 1942 stand Merten mit seinem Boot innerhalb der 300 sm vor der südafrikanischen Küste und schrieb in das Kriegstagebuch von U 68:

„Ich beabsichtige, die Küste südlich vom Kap-Columbien-Leuchtturm am 4. Oktober 1942 zu erreichen, am 5. Oktober den ein- und auslaufenden Schiffsverkehr zwischen Dassen Island und dem Minenfeld zu beobachten; am 6. Oktober 1942 bei dem Ansteuerungspunkt ‚A' auf der Position 30°53'S/17°59'E zu stehen, um den Schiffsverkehr zu beobachten; am 7. Oktober 1942 in die Reede von Kapstadt zwischen Kap und Minenfeld mit U 68 einzudringen, zu beobachten und nachts anzugreifen."

Am 4. Oktober erreichte Emmermann mit U 172 als erstes Boot der Gruppe EISBÄR die südafrikanische Küste bei Kapstadt. Um 8.00 Uhr sichtete er an diesem Tag den Kap-Columbien-Leuchtturm. Kapitänleutnant Emmermann schrieb an diesem Abend in das Kriegstagebuch:

„Ich beabsichtige, nahe Dassen Island mit U 172 auf und ab zu stehen, um den örtlichen Schiffsverkehr zu überwachen, der bei Tage sehr nahe an die Küste nördlich des britischen Minenfeldes heranschloß."

Deutscherseits glaubte man nämlich, daß um Dassen Island britische Minen gelegt worden seien.

Nach Einbruch der Dunkelheit bemerkte Emmermann bei der Saldanha Bay eine rege Scheinwerfertätigkeit, um 21.15 Uhr sichtete er am 4. Oktober den Green-Point-Leuchtturm auf eine Entfernung von 45 sm. Er stellte ebenfalls fest, daß das Dassen-Island-Leuchtfeuer gelöscht war.

Der nächste Tag, der 5. Oktober 1942, verlief für U 172 verhältnismäßig ruhig. Emmermann sichtete zwei Sicherungsboote, die von Dassen Island herkamen, und ein großes Zweischornsteinschiff in der Houtjes Bay. „Ein moderner Minensucher kreuzte ebenfalls in der Houtjes Bay ständig hin und her", berichtete er später.

In den ersten Stunden des 5. Oktober 1942 sah man auf U 68 auf eine Entfernung von 60 sm den Green-Point-Leuchtturm mit einem gewaltigen Scheinwerfer darunter und auch andere, die auf der Reede von Kapstadt leuchteten. Korvettenkapitän Merten, der mit seinem Boot tauchte, schrieb in das Kriegstagebuch von U 68:

„Auf der Reede von Kapstadt keine bemerkbaren Verteidigungsmaßnahmen."

Als die Nacht hereinbrach, war der Himmel auf Kapstadt Reede von den Scheinwerfern hell erleuchtet. Merten beobachtete am 6. Oktober 1942 durch das Sehrohr, mit U 68 getaucht beim Ansteuerungspunkt „A" stehend, den ein- und auslaufenden Schiffsverkehr.

Am 5. Oktober 1942 war Emmermann mit U 172 um 18.52 Uhr aufgetaucht und mit seinem Boot auf Kurs zur Tafelbay gegangen. Dabei beobachtete er sorgfältig die Schiffsbewegungen zwischen Saldanha und Kapstadt. Was er tat, war: „der Maus zu folgen, wenn sie ihr Loch verläßt". Natürlich war Emmermann besorgt wegen der Minen, aber er meinte, wenn er mit seinem Boot aufgetaucht entlang dem allgemeinen Schiffahrtsweg steuerte und so auf die Reede von Kapstadt hineinkäme, dann würde dieser Weg wohl auch sicher genug sein. Um Mitternacht war Robben-Island-Leuchtturm in Sicht, und er schrieb in das Kriegstagebuch von U 172:

„Hier gibt es keine Verdunkelung in der Stadt, alles sieht aus wie im Frieden. Einige kleine Fahrzeuge mit gesetzten Laternen fahren von Robben Island auf einem NW-Kurs."

In einer Eintragung um 19.53 Uhr beschrieb Emmermann seine Eindrücke von Kapstadt und der Tafelbucht im Kriegstagebuch so:

„Das Bild, das die Stadt und der Hafen von Kapstadt boten, war so schön und so friedlich, daß wir mit U 172 einige Stunden aufgetaucht blieben und die Besatzung einen nach dem anderen auf die Brücke riefen, um sich an dem Anblick zu erfreuen. Kapstadt war zu diesem Zeitpunkt bei einer Luftabwehrübung. Da waren einige Zielflugzeuge, die über der blendend erleuchteten Stadt kreisten, und die lang ausgreifenden Finger der Scheinwerfer trachteten sie in ihre Strahlen einzufangen. Das Bild erinnerte uns an die Szenen in unseren deutschen Städten bei Kriegsanfang. Alle Anzeichen und Umstände deuteten darauf hin, daß sich die Bevölkerung hier fernab des Krieges fühlte."

Das „Metox"* von U 172 empfing starke Radarstrahlen von Land her, weshalb sich Emmermann am 6. Oktober 1942, um 3.30 Uhr, entschloß, zu tauchen und sein Boot bei einer Wassertiefe von 85 m auf Grund zu legen.

Am 6. Oktober tauchte Emmermann mit U 172 auf Sehrohrtiefe auf und hielt sich danach „möglichst nahe der schmalen Straße von Robben Island nach Green Point", wo zwei Sicherungsboote – vermutlich südafrikanische U-Jäger – auf und ab standen.

Bei den Beobachtungen durch das Sehrohr war er auf das höchste enttäuscht und schrieb darüber in das Kriegstagebuch folgenden Bericht:

„Auf Kapstadt Reede nichts! Mit Ausnahme von drei kleinen Schiffen in dem entferntesten südlichen Teil.

* Improvisiertes Gerät zur Feststellung gegnerischer Funk-(Radar-)Ortung

Sehr dichter Durchgangsverkehr. Etwa fünf große Schiffe, darunter ein Zweischornsteinschiff und eins der „Duchess of Athol"-Klasse. Alle auslaufend. Vier Schiffe liefen ein, einschließlich eines großen Tankers. Kurse auf vorgeschriebenem Weg durch das britische Minenfeld und südlich davon, dicht an die Küste gedrückt. Der Verkehr hielt sich dicht an Green Point. Die Schiffe hißten Signalflaggen, wenn sie die enge Straße passierten; eines der Sicherungsboote setzte Hafenlotsen über. Ich nehme Sperrungen im nördlichen Abschnitt der engen Straße an, die an Robben Island anschließt. Während des ganzen Tages lief ein mittelgroßes Schiff auf Nordkurs aus, zwischen Robben Island und der Küste."

Um 16.00 Uhr lief von Norden ein Zweischornsteinschiff mit Geleit ein, und Emmermann ging mit U 172 auf Sehrohrtiefe.*

Um 19.47 Uhr am 6. Oktober tauchte Emmermann mit U 172 auf und lief mit hoher Geschwindigkeit auf südwestlichen Kurs ab.

Da die Reede leer war, sah er keine Veranlassung, mit seinem Boot dortzubleiben, zumal die Batterien des

*Im Jahre 1953 gab Kapitän Emmermann bei einer persönlichen Befragung die folgende Beschreibung über seine Tätigkeit mit U 172 vor Kapstadt am 6. Oktober 1942:

„Gegen Mittag stiegen wir vorsichtig auf Sehrohrtiefe. Glänzender Sonnenschein über der Reede, die See spiegelglatt, nur eine hohe Dünung machte es schwierig, das Boot auf gleichmäßiger Tiefe zu halten. Wir waren nur wenige hundert Meter vom Hauptschifffahrtsweg entfernt, und während des Nachmittages sah ich die schönsten und dicksten Schiffe fast in unmittelbarer Nähe und völlig arglos über die Nachbarschaft ihres Feindes fahren. Ganz ungehindert waren wir in der Lage, Kurs auf Eingang und Ausgang des Schifffahrtsweges zu nehmen und die Hafeneinrichtungen zu beobachten. Der große Getreideelevator stach besonders hervor."

Bootes aufgeladen werden mußten. Aber die Scheinwerfer, die ununterbrochen in dem Seegebiet zwischen Kapstadt und Robben Island suchten, sowie die starken Radarstrahlen, die er mit seinem „Metox“ aufnahm, zeigten, daß es unmöglich sein würde, auf der Reede irgend etwas zu unternehmen.

Gut frei von der Küste laufend, lud U 172 seine Batterien auf, aber sogar in einer Entfernung von 45 sm von dem Land-Radar wurden die Strahlen noch empfangen.

Um 22.17 Uhr des 6. Oktober meldete Emmermann in einem Funkspruch an den BdU folgendes:

„Reede Kapstadt leer, erbitte freie Hand zum Angriff.“

Währenddessen kreuzte K.Kpt. Merten mit U 68 auf den Zufahrtswegen zum „Schiffsweg No. 2“ und beobachtete am 6. Oktober 1942, 23.14 Uhr, ein großes „Blue Funnel“-Schiff auf Auslaufkurs.

In das Kriegstagebuch schrieb er an diesem Tag folgenden Bericht:

„Innerhalb der Kap-Halbinsel weitgespannte Scheinwerferübung mit 16 mächtigen Scheinwerfern, die gegen Luftziele und in Richtung See operierten. Später Feuer von Maschinenwaffen in False Bay beobachtet.

23.45 Uhr mit U 68 langsame Fahrt, mit Ruderlage 0°, gelaufen in Richtung Reede. Robben-Island-Leuchtfeuer gelöscht. Fester Lichtstrahl von Green-Point, sehr stark und klar. Angesichts dieser starken Beleuchtung glaube ich nicht, daß es möglich ist, zu der vorausbestimmten Zeit durchzubrechen, ohne entdeckt zu werden. Hinzu kommt, daß hier ein starker, aus- und einlaufender Schiffsverkehr herrscht, der auf beiden Schifffahrtswegen durch Scheinwerfer überwacht wird. Ein Angriff gegen die Reede von Kapstadt scheint daher nur bei Nebel oder zu einem vom U-Boot-Kommandanten selbst gewählten Zeitpunkt erfolgversprechend. Das heißt, ein gemeinsamer Angriff von zwei U-Booten ist nicht ratsam, da sie getaucht operieren müssen."

Die Antwort des BdU auf Emmermanns Funkspruch wurde um 1.00 Uhr gesendet und auf U 68 ebenfalls empfangen. Sie lautete:

‚Eisbär':

1. Jetzt noch kein Angriff frei;
2. In Übereinstimmung mit Operationsbefehl ist ‚X-Zeit' für den Angriff die Nacht vom 10. zum 11. Oktober 1942.
3. Wenn dann die Reede noch leer, Kptlt. Emmermann und K.Kpt. Merten Angriff frei. Sofort melden."

Merten war mit diesem Befehl nicht einverstanden und schrieb seine Überlegungen in das Kriegstagebuch:

„Nachdem in Übereinstimmung mit Emmermann die Reede leer ist – was in dieser Jahreszeit und bei dem vorherrschend schlechten Wetter sehr verständlich erscheint –, sehe ich nach Betrachtung aller Beobachtungen keine Hoffnung, die Erfolgschancen durch längeres Warten zu verbessern. Wenn wir weitere vier Tage warten, ist die Gefahr groß, daß die Boote entdeckt werden. Jetzt anzugreifen, ohne in die Reede von Kapstadt einzubrechen, verspricht große und vollkommen sichere Ergebnisse in Anbetracht des gegenwärtig dichten Durchgangsverkehrs. Bei Ansteuerungspunkt ‚A' – wo ich mich mit U 68 jetzt befinde – habe ich innerhalb 24 Stunden sieben Schiffe gesehen. Die Verteidigungsmaßnahmen wurden sicherlich verstärkt . . .“

Um 2.40 Uhr am 7. Oktober meldete Merten dem Befehlshaber der U-Boote in einem Funkspruch von U 68:

„Scheinwerfersperre, Erfolg mit Reede Kapstadt zweifelhaft. Starker Durchgangsverkehr. Schlage freies Manöver für 18.00 Uhr vor.“

Währenddessen bereitete Emmermann mit U 172 den ersten Schlag vor. Der Funkspruch von der BdU-Befehlsstelle war schlecht übermittelt worden und lautete:

„. . . griff frei für Kptlt. Emmermann U 172 und K.Kpt. Merten U 68. Unterrichtung unverzüglich der anderen Boote gem. Abschnitt 20 a . . .“

Der junge Offizier war aber nicht bereit für „Überprüfung und Wiederholung“, und um 4.30 Uhr schrieb er in das Kriegstagebuch von U 172:

„Jetzt greife ich an.“

Danach hatte er innerhalb einer Stunde sein erstes Schiff versenkt.

Die ersten Angriffe vor Kapstadt

Beim Verlassen der Tafelbucht folgte U 172 dem Ansteuerungsweg Nr. 2, dessen Kurs klar durch einen auslaufenden Frachter mit ringsrum brennenden Positionslaternen gekennzeichnet wurde. Um 5.02 Uhr des 7. Oktober 1942 fuhr Emmermann einen Überwasserangriff auf dieses Schiff und schoß je einen Torpedo aus den Rohren II und IV. Beide Torpedos trafen, und der Kommandant schrieb in das Kriegstagebuch:

„Rauch von der Explosion achtern. Schiff sinkt schnell über das Heck. Kein Funkspruch abgesetzt."

Kapitänleutnant Emmermann, der danach die Insassen der Rettungsboote befragte, identifizierte das Schiff als den Dampfer CHICKASAW CITY (6195 BRT), der in Ballast auf der Fahrt von Kapstadt nach New York durch Torpedotreffer am 7. Oktober auf der Position 34°15'S/17°11'E gesunken ist. Der Verlust wurde in Kapstadt erst am Abend des 8. Oktober bekannt, nachdem die britische Korvette ROCK ROSE (725 t) 42 Überlebende aufgenommen hatte.

Um 8.15 Uhr* des gleichen Tages sichtete Emmermann ein Schiff, das auf Kurs 250° mit 14 Knoten lief.

Er lief über Wasser an und tauchte um 8.45 Uhr mit seinem Boot zum Angriff. Die beiden von U 172 geschossenen Torpedos trafen den Frachter mittschiffs und achtern, der daraufhin sofort sank.

* Deutsche Zeit, der mittleren Greenwichzeit etwa zwei Stunden voraus.

Wieder befragte Emmermann nach dem Auftauchen die Insassen der Rettungsboote. Es stellte sich heraus, daß der gesunkene Frachter das unter Panama-Flagge fahrende Motorschiff FIRETHON (4700 BRT ex NORDEN) mit allgemeiner Ladung und Flugzeugersatzteilen auf der Fahrt von New York nach Kapstadt gewesen war. Das Schiff sank nach zwei Torpedotreffern am 7. Oktober 1942, 9.26 Uhr, auf der Position 34°13′S/17°21′E im Südatlantik.

Am Nachmittag des 8. Oktober 1942 wurden sieben Mann der Besatzung von der britischen Fregatte ROCK ROSE (725 t) gerettet. Von der FIRETHON war ebenfalls keine Funkmeldung abgegeben worden. Emmermann hatte somit die Gewißheit, daß sein Boot trotz der Versenkung von zwei Schiffen bisher nicht entdeckt wurde. Er entschloß sich, an diesem Tag in der Nähe der Versenkungsstelle zu bleiben, „um in der Lage zu sein, auf Kriegsschiffe zu schießen", die im Laufe des Tages erscheinen könnten, um das Seegebiet nach Schiffbrüchigen abzusuchen und diese aufzunehmen. Gegen Mitternacht wollte er dann eine neue Position außerhalb des Eingangs zum Schiffahrtskanal Nr. 2 einnehmen.

Um 10.46 Uhr empfing U 172 den folgenden Funkspruch des BdU:

Eisbär und Sobe.

1. Befehl für Zeitverlegung des Angriffs auf 10. 10. wird widerrufen;
2. Aufgrund Mertens Bericht Angriff frei für alle Boote ab 8. 10., 0.00 Uhr."

Emmermann schrieb daraufhin folgenden Bericht ins Kriegstagebuch (KTB):

„Somit habe ich zu früh angegriffen. Ich hoffe nur, daß die Versenkungen nicht vor dem 8. Oktober 1942 bekannt werden, was sehr wahrscheinlich ist, weil kein Schiff einen Funkspruch abgegeben hat und nur ein Boot des ersten Schiffes gefiert wurde."*

Inzwischen hatte sich U 68 von Kap Point nach Süden zurückgezogen.

Nach Empfang des Funkspruchs vom Befehlshaber der U-Boote entschloß sich Korvettenkapitän Merten um 10.48 Uhr, mit Kurs nach Norden in Richtung auf den Einlaufkanal Nr. 2 zu kreuzen. U 504 (K.Kpt. Poske) stand westlich von Saldanha und U 159 (Kptlt. Witte) südwestlich von Kap Point.

Sowohl Poske als auch Merten empfingen den BdU-Funkspruch erst nach Einbruch der Dunkelheit.

Am 7. Oktober 1942 näherte sich Kapitänleutnant Sobe mit U 179 Kapstadt von Nordwesten. In Übereinstimmung mit dem Chronisten Fregattenkapitän Hessler „mußte der sehr energische Kommandant, Kapitänleutnant Sobe, vom Äquator nach Süden eine hohe Geschwindigkeit gehalten haben, aufgrund des Befehls, zur Eröffnung des Überraschungsangriffs rechtzeitig da zu sein".

* In einer Würdigung der Unternehmung von U 172, verzeichnet in dessen Kriegstagebuch gegen Ende der Reise, gab Admiral Godt, Operationschef des BdU, folgenden Kommentar: „Wegen des Überraschungsmomentes hatte die Operation im Bereich Kapstadt große Erfolgsmöglichkeiten wegen der geringen Verteidigungsmaßnahmen. Die Tatsache, daß der Kommandant vor Freigabe losschlug, konnte leicht ein Ausbleiben des gesamten Erfolges haben und muß aus Führungsgründen verurteilt werden. Der Kommandant hat jede der Chancen, die sich ihm bot, mit Geschick, Schneid und unverminderter Energie genutzt und brillante Erfolge erreicht."

Im Hauptquartier des britischen Oberbefehlshabers im Südatlantik in Kapstadt war zu dieser Zeit über die Anwesenheit deutscher U-Boote in südafrikanischen Gewässern immer noch nichts bekannt.

Die Dunkelheit brach herein, und U 68 lief über Wasser nach Norden, mit der Kap-Halbinsel Steuerbord voraus.

„Die Nacht war dunkel mit vielen Sternen, die oben blinkten. Da war ein wächserner Mond. Die See war gesprenkelt vom Phosphoreszieren. An der Küste waren die Lichter alle an; Häuser und Straßen waren erleuchtet, und Kraftfahrzeuge fuhren mit ihren blendenden Scheinwerfern hin und her", lautete ein Eintrag im Kriegstagebuch (KTB).

Um 21.50 Uhr sah Korvettenkapitän Merten die Lichter eines Schiffes, das sich auslaufend entlang dem Kanal Nr. 2 bewegte. Er rechnete damit, daß Wittes U 159 hier liegen würde, um mit ihm zu warten, und schrieb um 23.49 Uhr:

„Explosion gehört, weit ab an Backbord. Kapitänleutnant Witte hat ihn mit seinem Boot U 159 bekommen."

Witte hatte den BdU-Funkspruch um 20.48 Uhr ebenfalls empfangen und etwa eine Stunde vorher ein Licht gesehen. Im KTB vermerkte er:

„Jetzt herum und mit hoher Fahrt hinter dem Licht hinterher; vielleicht hängt da ein Dampfer dran! Wenn ja, dann kann der Aal (Torpedo) um 00.00 Uhr das Rohr verlassen."

Um 23.55 Uhr schoß Witte dann auch einen Torpedo, der einen britischen Frachter mittschiffs traf. Das Schiff stoppte nach dem Torpedotreffer und gebrauchte seine Funkanlage nicht.

„Schuß aus Rohr V um 0.06 Uhr als Torpedofangschuß, der das Schiff achtern traf. 0.16 Uhr, Schiff sinkt nach Torpedotreffer", lautete eine weitere KTB-Eintragung.

Witte meinte, er hätte das südafrikanische Motorschiff SELANDIA (8482 BRT) versenkt. In Wirklichkeit war es das britische Motorschiff BORINGIA (5821 BRT), gesunken auf der Position 35°09′S/16°32′E.

Als Wittes erster Torpedo traf, hatte man auf U 68 die Lichter eines anderen Schiffes gesichtet. Es lief einen Kurs von 210°, und Walter Meyer, der Obersteuermann von U 168, überlieferte später:

„Es steuerte einen regelmäßigen Kurs in unsere Schußlinie, so daß für uns nichts zu tun war, als zu bleiben, wo wir waren und unsere Stellung ab und zu durch Drehen mit dem Boot um ein Grad zu korrigieren."

Merten schätzte, daß das Schiff etwa 5000 BRT haben könnte. Es hatte viel Fracht an Bord und zeigte hell glänzende Seitenlichter.

Um 1.22 Uhr schoß er einen einzelnen Torpedo, der das Ziel verfehlte. Erst um 2.17 Uhr war er mit seinem Boot wieder in Schußposition – erneut ein Fehlschuß. Er schrieb in das Kriegstagebuch:

„2.20 Uhr. Zum drittenmal Angriff – platzend vor Ärger!"

Um 2.31 Uhr griff er das Schiff mit einem Torpedo auf eine Entfernung von etwa 600 m mit Erfolg an. Der Frachter stoppte nach dem Torpedotreffer, fierte seine Boote, gab aber keine Notrufe durch. Um 3.13 Uhr mußte Merten als Fangschuß „einen weiteren Torpedo opfern", und um 3.22 Uhr sank der griechische Dampfer KOUMOUNDOUROS (3598 BRT ex DAYBREAK) über das Heck auf der Position 34°10′S/17°07′E im Seegebiet vor Kapstadt.

Der Kommandant verzichtete auf eine Befragung der Besatzungsangehörigen, denn er sichtete bereits drei Minuten nach der Versenkung des Griechen ein anderes Schiff und nahm sofort die Verfolgung auf.

Eintragung im Kriegstagebuch:

„3.25 Uhr. In 80° auflaufender Schatten gesichtet. Ich laufe mit U 68 auf Kurs 340°. Während ich heranschließe, erste Morgendämmerung. Keine Zeit mehr, die genaue Geschwindigkeit festzustellen. Sehr großes, modernes Frachtschiff mit durchlaufendem Deck vom Bug bis zum Heck. Entschließe mich für Angriff mit einem Zweierfächer."

Um 3.46 Uhr schoß Merten, wie geplant, einen Zweierfächer auf eine Entfernung von 2200 m und wartete mehr als zweieinhalb Minuten auf die Explosion.

Walter Meyer, der Obersteuermann von U 68, später zu diesen Ereignissen:

„Die Zeit schien stillzustehen, während der Frachter unerschüttert und friedlich weiterfuhr. Viel später sahen wir die so bezeichnende, hochsteigende Rauchsäule weit hinten, fast bei der Schraube. An Deck gelagerte Munition entzündete sich und ging hoch in die graue Morgenluft wie ein buntes Feuerwerksschauspiel, das das Deck von U 68 mit einem Regen von Splittern und Schrapnells überschüttete. Die Männer der Brückenwache duckten sich. Unser Opfer hatte gestoppt. Der Gnadenschuß in den Maschinenraum schickte es mit dem Heck zuerst in die Tiefe. Für einige unheimliche Sekunden zeigte der Bug fast senkrecht in den Himmel. Dann schloß sich das Wasser über dem, was ein schönes und gutes Schiff gewesen war. Für uns wurde es nun höchste Zeit, unter Wasser zu gehen. Die Sonne war schon über die östliche Kimm gestiegen, und es herrschte helles Tageslicht. Wir tauchten in einer gewissen Entfernung von der Stelle, an der das Schiff gesunken war."

Korvettenkapitän Merten hatte wiederum versäumt, sein Opfer zu identifizieren, von dem er meinte, es sei ein 8000-BRT-Turbinenschiff der britischen CITY OF CAPETOWN-Klasse gewesen. In Wirklichkeit hatte er aber am 8. Oktober 1942 im Südatlantik vor Kapstadt um 3.46 Uhr auf der Position 34°20′S/18°10′E im Marinequadrat GR 5932 den niederländischen Dampfer GAASTERKERK (8679 BRT ex GAASTERDIJK) durch Torpedotreffer versenkt. Die Insassen eines Rettungsbootes dieses Schiffes wurden am Morgen des gleichen Tages etwa 11 sm von Kap Point durch den britischen Zerstörer NIZAM (1690 t) aufgenommen.

Kapitänleutnant Emmermann war währenddessen nicht untätig. Zur gleichen Zeit, als Merten die KOUMOUNDOUROS angriff, setzte er mit seinem Boot zum Angriff auf einen anderen Frachter an.

Um Mitternacht zum 8. Oktober 1942 lag U 172 aufgetaucht bei Ansteuerungspunkt „A", als der Ausguck um 23.20 Uhr die Lichter eines auslaufenden Schiffes sichtete. Emmermann, der mit seinem Boot sofort die

Verfolgung des Schiffes aufnahm, das wahrscheinlich durch den Schiffahrtskanal Nr. 2 herauskam, schätzte dieses gegen Mitternacht als einen tiefliegenden Frachter von etwa 3500 BRT auf Kurs 260°, acht Knoten laufend. Er schloß zum Angriff auf den Frachter heran und schoß um 1.40 Uhr auf eine Entfernung von 550 m einen Torpedo, der das Schiff vorn in den Laderaum traf. Danach schrieb er in das Kriegstagebuch:

„Treffer in einen der vorderen Laderäume, sehr hohe Rauchsäule; das Schiff bekommt starke Schlagseite nach Backbord und sinkt, während es in Fahrt ist, in wenigen Sekunden. Keine Überlebenden. Trotz der kleinen Entfernung kann in der Dunkelheit die Versenkungsstelle nicht gefunden werden."

Das von Emmermann am 8. Oktober 1942 um 1.40 Uhr im Seegebiet vor Kapstadt auf der Position 34°20′S/17°50′E durch Torpedotreffer versenkte Schiff war der griechische Dampfer PANTELIS (3845 BRT ex GLENBRIGDE).

U 504 unter Korvettenkapitän Poske war an diesem Tag das einzige Boot der „U-Boot-Gruppe ‚Eisbär'", das in der Nacht zum 8. Oktober kein Schiff sichtete und somit ohne Erfolg blieb. Nachdem man auch in den nächsten Stunden auf U 504, das in der nordwestlichen Anfahrt vor Kapstadt kreuzte, kein Schiff entdeckt hatte, entschloß sich Poske dazu, mit seinem Boot in ein anderes Seegebiet vor Kapstadt zu gehen.

Während an diesem Tag Emmermann mit U 172 aufgetaucht 20 sm westlich des Ansteuerungspunktes „A" operierte, Merten mit U 68 getaucht südlich von Kap Point operierte und Witte mit U 159 aufgetaucht ein gesichtetes Schiff verfolgte, lief Poske mit seinem Boot getaucht nach Westen in das Seegebiet vor Dassen Island.

Obwohl keines der in dieser Nacht im Seegebiet vor Kapstadt torpedierten und versenkten Schiffe mit der Absetzung eines Funkspruchs Erfolg hatte, wußte Vizeadmiral Tait bereits am Morgen des 8. Oktober 1942, daß in den Seegebieten um die Tafelbucht von Kapstadt in den vergangenen Tagen Gefahr drohte.

Die Verteidigungsmaßnahmen wurden von der Royal Navy*und der SAAF** daher verstärkt und ein entsprechender Gegenschlag vorbereitet.

* Königliche Marine
** Südafrikanische Luftwaffe

Die Operation in der Tafelbucht

Am 4. und 5. Oktober 1942 experimentierte man im Küstenabschnitt von Kapstadt mit einer „Test-Mobilisierung“, der taktische Übungen und Alarmübungen der Truppen folgten. Das 23. Torpedo-, Bomben- und Aufklärungsgeschwader (23. TBR) und das 6. Kampfgeschwader (6. KG) – die beiden einzigen Einsatzgeschwader im Küstenbereich von Kapstadt – nahmen an den Übungen ebenfalls teil, mit dem Ergebnis, daß die seewärtigen Patrouillen bzw. Aufklärungsflüge vernachlässigt wurden.

Tatsächlich wurde das 23. TBR-Geschwader am 7. Oktober 1942 nicht für eine einzige Luftoperation im Küstenbereich oder Aufklärungsflüge nach See angefordert. Im Gegenteil, es wurde angedeutet, das Geschwader könne erwarten, daß die mysteriösen Vorgänge einige Tage nach den Alarmen und der „Test-Mobilisierung“ nicht mehr ernst genommen würden.

Wenn aber am 7. Oktober vom 23. TBR-Geschwader Aufklärungsflüge über hoher See geflogen worden wären, hätte man sehr wahrscheinlich einige Rettungsboote des Dampfers CHICKASAW CITY und des Motorschiffs FIRETHON entdeckt. In diesem Fall wäre es denkbar, daß sich durch entsprechende Vorsichtsmaßregeln etliche weitere Schiffsverluste in diesem Seegebiet in der Nacht vom 7. zum 8. Oktober 1942 hätten vermeiden lassen.

Die Vernachlässigung der Vorsichtsmaßregeln ist im

Hinblick auf die vielen Anzeichen, daß eine deutsche U-Boot-Offensive in den Kap-Gewässern bevorstand, schwer verständlich.

Die gegnerische Übersicht des Küstenabschnitts I für den am 3. Oktober 1942 endenden Zeitabschnitt stellte sogar fest, daß sieben deutsche U-Boote im östlichen Südatlantik gesichtet worden seien, die zum Indischen Ozean laufen könnten.

Kapitän Hessler hatte seine Überraschung darüber ausgedrückt, daß die am 6. und 7. Oktober 1942 zwischen den Booten der Gruppe „Eisbär" und dem BdU ausgetauschten Funksprüche in Kapstadt der Aufmerksamkeit der zuständigen Stellen entgangen waren.

In Kapstadt und im vorgelagerten Seegebiet waren Sicherheitsmaßnahmen und die Luftüberwachung tatsächlich vernachlässigt worden. Die Schiffe zeigten weiter ihre Positionslichter, die Küstenbefeuerung war unvermindert in Funktion, und die Leuchtfeuer schickten ihre Strahlen im Seegebiet um Kapstadt weiterhin über den Südatlantik und den Indischen Ozean. Das behagliche Gefühl, daß „hier nichts passieren könne", herrschte in Kapstadt noch mehr als 24 Stunden vor, nachdem die deutsche U-Boot-Offensive angefangen hatte. Die südafrikanische Admiralität hatte zwar zahlreiche Warnungen herausgegeben, die jedoch alle unbeachtet blieben, so daß die Überraschung vollständig war. Bis zur Morgendämmerung des 8. Oktober 1942 hatten die „Eisbär"-Boote 33 000 BRT Schiffsraum in einem Umkreis von 100 sm vor der Tafelbucht versenkt, und niemand in Kapstadt hatte von dieser Tatsache Kenntnis.

Im übrigen gab es Anzeichen dafür, daß sich Unerfreuliches anbahnte, zumal von dem Kap-Point-Leuchtturm am 8. Oktober zwischen 3.30 Uhr und 5.30 Uhr Explosionen in südlicher Richtung gemeldet worden waren.

Um 7.12 Uhr startete vom 23. TBR-Geschwader, eine „Ventura“*zur Überprüfung der Meldung vom Kap-Point-Leuchtturm. Captain Gray, der Flugzeugführer, sichtete vier Rettungsboote sowie Wrackstücke und einen großen Ölfleck etwa 20 sm südwestlich vom Kap-Point-Leuchtturm. Nach einem an den Flugplatz abgesetzten Funkspruch landete Gray um 7.55 Uhr.

Die britische Korvette ROCK ROSE (725 t) lief an diesem Tag um 8.45 Uhr von Fals Bay, gefolgt von den britischen Zerstörern NIZAM (1690 t) und FOXHOUND (1690 t), zu der Position aus, wo von Captain Gray die Rettungsboote mit Überlebenden des von Merten mit U 68 versenkten Turbinenschiffs GAASTERKERK gesichtet worden waren.

Captain Gray, der an diesem Tag mit seiner „Ventura“ um 9.00 Uhr erneut zur U-Boot-Suche und U-Boot-Abwehr gestartet war, meldete kurze Zeit später, nachdem er bereits zwei Frachtschiffe überflogen hatte, die Sichtung von drei Flößen und einem Rettungsboot mit Überlebenden auf der Position 34°38′S/16°30′E. (Das Rettungsboot und die Flöße stammten von dem Motorschiff BORINGIA, das am 7. Oktober von Witte mit U 159 versenkt wurde.)

Am 8. Oktober 1942 war der Kommandeur der B-Staffel des 23. TBR-Geschwaders, Captain Maxwell, mit

* Zweimotoriges Mehrzweckflugzeug, 4 Mann Besatzung, doppeltes Seitenleitwerk und rd. sechs 12,7-mm-MG als Bewaffnung

einer Lockheed „Ventura“ bei einem Aufklärungsflug ebenfalls Zeuge dramatischer Ereignisse geworden.

Nachdem er mit seiner Maschine zwei Frachtschiffe überflogen hatte, näherte er sich etwa 65 Seemeilen südwestlich des Leuchtturms Kap Point einem dritten Schiff, das um 10.05 Uhr nach einem Torpedotreffer in die Luft flog.

Es handelte sich um das britische Turbinenschiff CLAN MACTAVISH (7631 BRT), das an diesem Tag um 7.10 Uhr auf U 159 gesichtet worden war. Kapitänleutnant Witte, der mit seinem Boot sofort die Verfolgung des Frachtschiffes aufnahm, tauchte nach Erreichen einer guten Angriffsposition um 9.23 Uhr zum Angriff. Er schoß einen Torpedo um 10.02 Uhr und einen weiteren um 10.05 Uhr.

Der erste traf das Schiff nahe am Bug, das nach dem zweiten Torpedotreffer innerhalb von vier Minuten auf der Position 34°53′S/16°45′E im Seegebiet vor Kapstadt sank.

Witte, der durch das Seerohr um 10.07 Uhr ein schnelles zweimotoriges Flugzeug über dem sinkenden Schiff sah, lief daher mit U 159 in größerer Tiefe von der Versenkungsstelle ab.

Zum Zeitpunkt der Torpedierung war die britische CLAN MACTAVISH mit der Übernahme von Schiffbrüchigen des Motorschiffes BORINGIA, das ebenfalls von U 159 versenkt wurde, beschäftigt. Eine Maschine des 23. TBR-Geschwaders unter Major Robbs dirigierte das Frachtschiff MATHERAN (7653 BRT) in dieses Seegebiet. Die „Ventura“ unter Major Robbs umkreiste das Schiff zur U-Boot-Sicherung solange, wie es die

Überlebenden der BORINGIA und der CLAN MACTAVISH rettete.

Am 8. Oktober 1942 startete um 9.20 Uhr beim 23. TBR-Geschwader eine „Ventura“ unter Führung von Leutnant Webb. Nachdem die Maschine die gesichteten Rettungsboote und Flöße überflogen hatte, entdeckte der Pilot um 11.20 Uhr in einer Entfernung von etwa 20 sm ein U-Boot auf der Position 34°18′S/16°10′E und flog sofort zum Angriff an. Aber das U-Boot tauchte, bevor er die Bomben werfen konnte. Trotzdem klinkte er an der Stelle, wo das Boot getaucht war, vier 125-kg-Wasserbomben aus, erklärte aber später, daß das Ergebnis „negativ“ gewesen sei.*

Doch selbst angesichts dieser und ähnlicher Vorfälle beherrschte die südafrikanisch-britischen Befehlsstellen immer noch eine erstaunliche Zuversicht.

Im Januar 1943 wurde von seiten des Befehlshabers der Luftverteidigung für Südafrika (C.C.A.D.) der Angriff auf vor Kapstadt operierende deutsche U-Boote sogar als „eine Verschwendung von Bomben“ bezeichnet.

Während der britische Zerstörer NIZAM (1690 t) und die Korvette ROCK ROSE (725 t) mit der Rettung Überlebender der versenkten Schiffe beschäftigt waren, liefen die Zerstörer ACTIVE (1350 t) und ARROW (1350 t) von Simonstown „mit äußerster Kraft“ zu der

* Die Kommandanten der Gruppe „Eisbär“ berichteten an diesem Tag wohl über viele Luftalarme, aber keinen zu dieser Zeit. Möglicherweise hatte Leutnant Webb mit der „Ventura“ das ebenfalls zur „U-Boot-Gruppe ‚Eisbär‘“ gehörende Boot U 179 (Kptlt. Sobe) angegriffen, der am 8. Oktober 1942 im Seegebiet vor Kapstadt eingetroffen war.

Stelle, wo das Turbinenschiff CLAN MACTAVISH nach zwei Torpedotreffern von U 159 gesunken war. Drei „Albacores" der Marineluftstreitkräfte verstärkten die Einsätze der südafrikanischen Luftstreitkräfte im Seegebiet von Kapstadt.

Aus den Eintragungen in den Kriegstagebüchern war ersichtlich, daß die deutschen U-Boote in diesen Tagen immer wieder unter Wasser gezwungen wurden. Bei ihren Aufklärungseinsätzen sichteten die Flugzeuge Rettungsboote und Flöße mit Überlebenden der von den U-Booten versenkten Schiffe und meldeten deren Position an die südafrikanische Marine in Kapstadt. Sie lieferten Informationen, die den Oberbefehlshaber Südatlantik in die Lage versetzten, Schiffe vom Gefahrengebiet fortzulenken.

Um 12.35 Uhr des 8. Oktober hob eine „Ventura" unter Führung von Captain Sephton zu einem U-Boot-Abwehrflug von der Piste ab. Gegen 12.55 Uhr überflog er auf der Position 33°02′S/17°22′E ein Rettungsboot und sah um 13.10 Uhr ein Floß mit Überlebenden auf der Position 34°02′S/17°22′E. In einer Entfernung von etwa 500 yards sichtete er gegen 13.45 Uhr ein auf Sehrohrtiefe fahrendes U-Boot. Er warf vier 125-kg-Wasserbomben auf ein glattes Wellenstück. Obwohl Captain Sephton danach dieses Seegebiet acht Minuten lang umkreiste, waren dort weder Spuren von Ölflecken noch Wrackstücke zu sehen.

Im Kriegstagebuch des 23. TBR-Geschwaders hieß es daraufhin: „Kein Ergebnis". Der Operationsbericht des Küstenabschnittes war jedoch optimistischer. Darin wurde vermerkt: „Obwohl ein Ergebnis nicht beobachtet wurde, ordnet die vorläufige Beurteilung den Angriff ein als eine mögliche Beschädigung des U-Bootes."*

Der Angriffsort wurde nun sogar Gegenstand von Auseinandersetzungen. Das Kriegstagebuch des 23. TBR-Geschwaders gibt eine Position auf 34°10'S/16°06'E an, das des Küstenabschnitts G eine auf 33°27'S/15°31'E, während der Bericht des Befehlshabers der Luftverteidigung für „Luftangriffe auf U-Boote" die Position 34°35'S/15°28'E vorzog. Das KTB der Station Südatlantik entschied sich für die zweite Möglichkeit.

Die Angriffe auf die deutschen U-Boote waren zweifelhaft, hatten aber eine gute Wirkung auf die Moral des 23. TBR-Geschwaders. Kriegstagebuchauszug:

„Es war wirklich aufregend, als der erste Funkspruch ankam, daß eines unserer Flugzeuge einen Angriff gegen ein U-Boot geflogen hatte. Es hat niemals so viele Freiwillige gegeben, um den Wagen zum Einholen der rückkehrenden Flugzeugbesatzung zu fahren. Dann kam der zweite Funkspruch an, daß eine andere Besatzung ebenfalls ihre Bomben gelöst hatte, und wir hofften auf bessere Ergebnisse, aber das Glück schien gegen unsere Flugzeugbesatzungen zu sein, besonders in diesem Fall. Nichtsdestoweniger gab es der ganzen Angelegenheit ihre Würze, und es gab einen scharfen Wettstreit unter den Flugzeugbesatzungen darüber, wer als nächster starten sollte."

Vier weitere „Ventura"-Einsätze wurden am Nachmittag des 8. Oktober 1942 geflogen, während Zerstörer im

* Kein Kommandant der Boote von der Gruppe „Eisbär" berichtete in den Kriegstagebüchern von einem Angriff zu dieser Zeit.

Versenkungsgebiet kreuzten und die Korvette ROCK ROSE (725 t) viele Schiffbrüchige rettete.

Die südafrikanischen U-Abwehrfahrzeuge der Kapstadt-Flottille waren für die östliche Hafenverteidigung gebunden, außer der VEREENIGING, die bis spät in den Nachmittag mit der Minensuchflottille fuhr. Die Minensucher hatten den Auftrag, das Gebiet abzusuchen, wo das niederländische Turbinenschiff GAASTERKERK (8679 BRT ex GAASTERDIJK) 20 sm westsüdwestlich vom Kap-Point-Leuchtturm gesunken war. Es wurde Befehl gegeben, daß alle Küsten- und Hafennavigationslichter, Funkfeuer und Nebelsignale in dieser Nacht zu löschen seien und die Stadt zu verdunkeln war. Gleichzeitig wurde angeordnet, daß das Auslaufen von einigen Schiffen – nicht von allen – zu verschieben sei. Weiterhin sollten im Hafen von Kapstadt zehn zusätzliche Liegeplätze geschaffen werden, in denen jeweils zwei Schiffe zu Anker gehen konnten.

Der Oberbefehlshaber Südatlantik gab folgenden Funkspruch an alle durch:

„Alle Schiffe dürfen sich während der Nachtstunden nicht mehr als 70 sm Kapstadt nähern."

Um 14.50 Uhr startete wieder eine „Ventura" unter Führung von Captain Maxwell und sichtete um 17.35 Uhr einen gestoppten Frachter mit gefierten Rettungsbooten auf der Position 33°45′S/17°18′E. Als das Flugzeug noch etwa zwei Seemeilen entfernt war, ging das Schiff in die Luft. Es war der britische Frachter CITY OF ATHENS (6558 BRT). Das Schiff hatte gerade ein SSSS-Signal abgegeben, der erste derartige Funkspruch, der seit dem Beginn der U-Boot-Offensive vom Oberbefehlshaber Südatlantik empfangen worden war.

Das Frachtschiff CITY OF ATHENS war das erste Opfer von U 504 im Seegebiet von und vor Kapstadt. Korvettenkapitän Poske hatte den größten Teil des Tages damit verbracht, mit seinem Boot westlich von Dassen Island zu kreuzen. Um 14.30 Uhr mußte er vor einem zweimotorigen Landflugzeug, wahrscheinlich einer Vickers „Wellington“ mit Alarmtauchen „in den Keller“. Auf Sehrohrtiefe sah Poske um 16.52 Uhr die Mastspitzen und den Schornsteinkopf eines Schiffes. Er schrieb ins Kriegstagebuch:

„Ein Frachter von etwa 4000 BRT erscheint auf einem günstigen, gleichmäßigen Kurs; das ist eine gute Gelegenheit für einen erfolgreichen Angriff. Ich entschließe mich für einen Unterwasserangriff.“

Um 17.31 Uhr schoß er einen Torpedo. Weiterer KTB-Eintrag:

„Torpedodetonation! Als ich nach zwei Minuten durch das Sehrohr einen Rundblick nahm, war von dem Schiff nichts mehr zu sehen. Über der Stelle, wo das br. Frachtschiff CITY OF ATHENS am Nachmittag des 8. Oktober 1942 um 17.31 Uhr auf der Position 33°40′S/17°03′E gesunken war, befand sich ein zweimotoriges Flugzeug in Lage 0°.

Wegen der glatten See und des klaren Wetters mit U 504 auf 80 m Wassertiefe gegangen.“*

Die Nacht senkte sich über die Gewässer um Kapstadt,

*Im Kriegstagebuch des 23. TBR-Geschwaders wurde vermerkt: „Flugzeug suchte das wahrscheinliche U-Boot, konnte aber kein Anzeichen davon erkennen. Sechs Rettungsboote ruderten davon.“

aber das Drama war keineswegs zu Ende. Vier Schiffen und einem U-Boot war es bestimmt, in dieser Nacht unterzugehen.

Mit Einbruch der Dunkelheit trat in der militärischen Lage in den Kap-Gewässern ein bezeichnender Wechsel ein.

Während des Tages hatten die „Venturas" des 23. TBR-Geschwaders die U-Boote der Gruppe „Eisbär" unter Wasser gezwungen und zweifellos ihre Operationen eingeengt. Aber die Maschinen hatten kein Radar und keine Infrarot-Scheinwerfer* für den Einsatz bei Dunkelheit.

Die „Eisbär-Boote" konnten jetzt bei beginnender Dunkelheit oder nachts auftauchen, um die Batterien aufzuladen. Außerdem zeigten immer noch einige Schiffe ihre Positionslampen, und es fehlte somit nicht an möglichen Opfern.**

Bei Anbruch der Nacht war die Verteilung der Boote in der Gruppe „Eisbär" wie folgt:

Korvettenkapitän Merten stand mit U 68 etwa 40 sm südlich von Kap Point.

Kapitänleutnant Witte befand sich mit U 159 etwa 150 sm vor der Tafelbucht, auf Kurs 220° nach Südwesten ablaufend.

Kapitänleutnant Emmermanns Absicht war, im Dämmerlicht mit U 172 zum Ansteuerungspunkt „A" zurück-

* Eine Ausrüstung, die Flugzeuge des britischen Coastal Command in die Lage versetzte, bei Nacht so viele Erfolge auf den Seewegen zur Biskaya zu erringen.

** Andererseits war der Oberbefehlshaber Südatlantik über die Lage voll im Bilde, und seine Korvette ROCK ROSE (729 t) befand sich stets in höchster Gefechtsbereitschaft.

zukehren, um auf den Schiffsverkehr zwischen Küste und Minenfeld zu operieren. In der Abenddämmerung war er mit seinem Boot aufgetaucht, steuerte Ost und lief sofort in eine unangenehme Lage.

Korvettenkapitän Poske war mit U 504 beim ersten Zwielicht aufgetaucht, nicht weit von der Stelle entfernt, wo der Frachter CITY OF ATHENS in die Tiefe ging. Er sah einen Zerstörer mit einigen Lichtern und Flackerfeuern und lief nach Nordwesten davon.

Der genaue Standort von Korvettenkapitän Sobes U 179 ist unbekannt, aber er lag auf der nordwestlichen Ansteuerung zur Tafelbucht und etwa 70 sm von Kapstadt entfernt.

Korvettenkapitän Mertens U 68 war das einzige Boot der Gruppe „Eisbär“, das in dieser Nacht Erfolge erringen konnte; eine Tatsache, die ursächlich mit der Abwesenheit britischer Kriegsschiffe in seinem Operationsgebiet zusammenhing. Zwischen Abend- und Morgendämmerung versenkte er vier Schiffe. Ein bemerkenswerter Erfolg für dieses Seegebiet. Und so begann es:

Beim Auftauchen in der Dämmerung sah Merten ein Schiff und schrieb in sein Kriegstagebuch:

„Ich folge auf Nordwestkurs, um in der Dunkelheit für einen Überwasserangriff bereit zu sein.“

Danach jedoch, als er diesem Fahrzeug folgte, kam um 20.00 Uhr ein Tanker in Sicht. KTB-Vermerk:

„Ich werde zuerst den Tanker angreifen und dann den Frachter.“

Um 21.52 Uhr schoß er einen Torpedo auf etwa 1000 m. Die Wirkung wurde von Walter Meyer, dem Obersteuermann von U 68, so beschrieben:

„Unser Torpedo war auf sehr geringe Entfernung losgemacht und traf den Tanker gerade richtig und vierkant. Dann brach die Hölle los. Das Oberdeck brach mittschiffs auf, und eine gewaltige blutrote Flamme, umrahmt von pechschwarzen Rauchwolken, sprang Hunderte von Metern himmelwärts, begleitet von einem furchterregenden Getöse. Die Nacht wurde in einen höllischen Tag verwandelt. Säulen unbezwinglichen Feuers und Rauch stiegen von dem unglücklichen Schiff auf. Es war ein unvergeßlicher Anblick unaussprechlichen Schreckens... Hastig vergrößerten wir den Abstand zwischen unserem Boot und diesem brüllenden Vulkan. Kurz nach der Explosion strich ein Windschwall über uns, geschwängert mit Hitze und Ölqualm, und erstickte unseren Atem und drängte Wasser in unsere Augen. Schleunigst schalteten wir die Lüfter ab, damit diese üble Luft nicht unter Deck gelangte. Trotz des schrecklichen Schicksals, das das Schiff befallen hatte, war die Besatzung in der Lage, ihre Rettungsboote zu fieren. Der Funker blieb auf seiner Station und sandte mit Funkspruch auf Funkspruch den genauen Standort seines torpedierten Schiffes in den Äther."

Korvettenkapitän Merten schrieb ins Kriegstagebuch:

„Der Tanker brennt, Heck bricht ab, sackt langsam ab. Unglücklicherweise kläfft* er fürchterlich."

Das am 8. Oktober 1942 um 20.51 Uhr auf der Position 34°40′S/18°25′E torpedierte Schiff war der amerikanische Tanker SWIFTSURE (8207 BRT).

Als das Schiff vom Torpedo getroffen worden war, sah die Minensuchflottille, die in den Gewässern südlich von

* sendet Notrufe (SSSS-Signale)

Kap-Point stand, „einen blendenden Blitz“ im Südosten und lief mit voller Kraft darauf zu. H.M.S.A.S.* VEREENIGING, welche die Flottille sichern sollte, wurde in der pechschwarzen Finsternis „so schwarz, wie eine Nacht nur sein konnte“ entlassen.

Um 21.55 Uhr wurde von ihrer Brücke ein riesiger Lichtschein gesehen, der für eine volle halbe Minute sichtbar war.

Um 2.00 Uhr fand die Minensuchflottille den torpedierten US-Tanker SWIFTSURE noch schwimmend und übernahm während der nächsten zwei Stunden die Besatzung von 32 Mann, die bereits in die Boote gegangen waren. Von der Crew hatte nur ein Mann ernsthafte Verbrennungen davongetragen.

Am nächsten Morgen ging die SOUTHERN BARRIER an dem brennenden Schiff längsseit und setzte eine Bergungsgruppe an Bord, die sich jedoch zurückziehen mußte, als um 10.30 Uhr der Wind umsprang. Weitere Versuche, das Schiff zu bergen oder in Schlepp zu nehmen, schlugen fehl. Am 9. Oktober, 9.50 Uhr, wurde die Bergung des Tankers endgültig aufgegeben.

Korvettenkapitän Merten hatte auf den Tanker SWIFTSURE nur einen Torpedo geschossen, weil er das zuerst gesehene Schiff angreifen wollte. Nachdem der Torpedo den Tanker getroffen hatte und er das brennende Wrack sah, ließ er abdrehen, um mit hoher Fahrt die Verfolgung des zuerst gesehenen Schiffes fortzusetzen.

Am 8. Oktober 1942 um 22.02 Uhr mit U 68 auf einer guten Angriffsposition stehend, schoß Merten auf der Position 34°50′S/18°40′E einen Torpedo, der den briti-

* Seiner Majestät südafrikanisches Schiff

schen Frachter SARTHE (5271 BRT) traf. Auf dem Schiff hatte man den Umlenkungsfunkspruch des Oberbefehlshabers Südatlantik nicht empfangen. Es steuerte daher nach Kapstadt und zeigte seine Positionslaternen sowie die Dampferlichter.

Hierzu Mertens Vermerk:

„Diesmal war es ein Frachtschiff, das wild zickzackte. Es hatte anscheinend die Funksprüche des amerikanischen Tankers SWIFTSURE empfangen. Zu schlecht, daß die Burschen an Bord vergessen hatten, ihre Positionslaternen und Dampferlichter zu löschen, die hell brennend unseren Torpedo auf kurze Entfernung lenkten, während ein zweiter als Fangschuß geschossener die SARTHE zum Sinken brachte."

Kurz vor der Morgendämmerung des 9. Oktober 1942 sah H.M.S.A.S. VEREENIGING, während sie nach Überlebenden der SWIFTSURE suchte, „auf und nieder tanzende Lichter auf dem Wasser" und nahm ein Floß mit dem Leitenden Ingenieur (LI) des Frachters SARTHE und zwanzig Westinder auf. Ihnen wurden heißer Rum und Kleidung zum Wechseln gegeben, und kurz danach wurden zwei Rettungsboote dieses Schiffes gesichtet. Alle siebenundfünfzig Männer der SARTHE-Crew waren gerettet worden, und keiner hatte eine Verletzung erlitten.

Kapitän Mason von der SARTHE erzählte den Offizieren der VEREENIGING, daß er das „Hochgehen" des US-Tankers SWIFTSURE gesehen hatte und „unverzüglich" voll Dampf aufgemacht habe, um davonzustürmen, in der Hoffnung, durchzukommen, bevor die deutschen U-Boote dazu kämen, sein Schiff anzugreifen

U 505 durch Wasserbomben schwer beschädigt. Daß das Boot in diesem Zustand noch tauchklar war, ist ein Wunder

U 459 Versorgungs-U-Boot klar zur Versorgung von U 68 und U 172

U 172 (Kptlt. Emmermann) trifft zur Versorgung auf dem Treffpunkt im Südatlantik ein

U 68 während der Versorgung aus U 459 im Südatlantik

U 159 läuft hinter einem Sperrbrecher aus dem Stützpunkt Lorient aus

U 68, U 172 und U 504 auf Treffpunkt zur Versorgung im Südatlantik aus U 459

Kommandant des Versorgungs-U-Boots U 459 K.Kpt.
von Willamowitz-Möllendorf

und es zu versenken. Zur gleichen Zeit wurden alle Vorbereitungen für eine Aufgabe des Schiffes getroffen. Es hatte keine Ladung, und bei einem Treffer würde es „einer geknackten Nuß gleichen“. Im halben Licht der Morgendämmerung erkannte ein Offizier der VEREENIGING einen der an Bord kletternden Überlebenden als einen alten Freund von der Handelsmarine, mit dem er drei Jahre lang zusammen gefahren war.

Nach der Versenkung des Frachters SARTHE entschloß sich Merten, die Torpedos aus den Oberdeckstuben in das Boot umzuladen. Das war eine schwierige Aufgabe für die Besatzung von U 68 in der dunklen, pechschwarzen Nacht. Während des Umladens sah Merten den Schatten eines abgeblendeten Schiffes. Hierzu Obersteuermann Meyer:

„Mit dem letzten noch halb aus dem Luk ragenden Torpedo jagten wir los in heißer Verfolgung. Die Männer an Deck beendeten, durchnäßt von den über das Boot waschenden Seen, das Umstauen des Torpedos und schlossen dann das Luk.“

Um 4.44 Uhr schoß Merten einen Torpedo auf eine Entfernung von etwa 800 yards und schrieb nach dem Angriff in sein Kriegstagebuch:

„Treffer hinter dem Schornstein; das Schiff kentert und geht schnell unter. Die Besatzung sagt aus: Amerikanisches Turbinenschiff EXAMELIA (4981 BRT ex CŒUR D'ALENE) mit allgemeiner Ladung von Indien nach Kapstadt.“

In Übereinstimmung mit den Feststellungen der Überlebenden explodierte der Torpedo im Maschinenraum der EXAMELIA, jedoch der Kapitän befahl: „Jetzt werden noch keine Boote gefiert!“ Er gab Anweisung, eine SSSS-Meldung abzugeben, und war damit beschäftigt, seine Dokumente zu vernichten, als das Schiff unterging – den Kapitän, den Funker, neun Besatzungsmitglieder und alle Rettungsboote mit sich nehmend. Die 40 Überlebenden klammerten sich an Flöße und Wrackteile und kletterten auf zwei umgekehrte Boote, die sich von dem Schiff gelöst hatten. Ein großes deutsches U-Boot näherte sich bis auf kurze Entfernung und schaltete einen roten Scheinwerfer ein:

„Eine Stimme fragte auf englisch nach dem Namen des Schiffes“, wie einer der Überlebenden später berichtete, „und einige Männer riefen ihn hinauf. Da der Deutsche Schwierigkeiten mit dem Verstehen hatte, buchstabierte der I. Offizier, ein Este, es in Deutsch. Der Kommandant dankte ihm auf englisch, und das U-Boot fuhr mit voller Fahrt davon.“

Die Schiffbrüchigen wurden am Nachmittag des 9. Oktober von dem US-Turbinenschiff JOHN LYKES (6843 BRT) aufgenommen, das sie in Port Elisabeth an Land brachte.

Um 5.33 Uhr sichtete der Ausguck auf U 68 die flakkernden Lichter eines Schiffes. Sofort nach der Sichtung nahm Merten mit seinem Boot die Verfolgung auf. Dieser Angriff wurde von Obersteuermann Walter Meyer so beschrieben:

„Kurz vor Morgendämmerung entdeckte der Ausguck ein Licht in Richtung Süden. Wir hatten uns zu beeilen, wenn wir diesen einen auch auf den Meeresgrund schikken wollten. Mit hoher Fahrt liefen wir auf das Licht zu. Die Mechaniker waren damit beschäftigt, die Torpedos, die unter Deck waren, für den Einsatz klarzumachen, Öl und Druckluft aufzufüllen und die Zünder einzusetzen. Es war tatsächlich ein Wettrennen mit der aufgehenden Sonne. Als der Torpedo auf seinen Weg geschickt wurde, war bereits Tageslicht.

Wir waren von achtern aufgelaufen, und die gegnerische Brückenwache hat uns nicht gesehen. Der Torpedo traf das Schiff in das Vorderteil. Eine gelbrote Rauchwolke stieg zum Himmel und hüllte das Schiff ein, es vollständig unserer Sicht entziehend. Es war keine Zeit zu verlieren. Wir setzten uns selbst nach Luv ab und gaben ihm den Gnadenstoß. Das Fahrzeug sank, das Heck hoch in die Luft und sich gegen die aufgehende Sonne abhebend.“

Korvettenkapitän Merten hatte mit U 68 in den frühen Morgenstunden des 9. Oktober um 4.54 Uhr auf der Position 35°00′S/18°30′E das belgische Turbinenschiff BELGIAN FIGHTER (5403 BRT) durch Torpedotreffer versenkt. Das Schiff war mit einer Ladung Manganerz und allgemeiner Ladung nach Kapstadt bestimmt.

Am Abend des 8. Oktober 1942 befand sich das Schiff, wie sich später herausstellte, auf dem Leitstrahl von Slangkop-Leuchtfeuer, als es den allgemeinen Funkspruch vom Oberbefehlshaber Südatlantik empfing, mit dem Verbot, die Tafelbucht bei Dunkelheit anzusteuern. Daraufhin änderte der Frachter den Kurs auf Süd, hatte jedoch in Richtung Kapstadt zurückgedreht, als er von dem ersten Torpedo von U 68 getroffen wurde. Als der zweite einschlug, waren die meisten Überlebenden in den Booten, doch sieben Männer der Besatzung – von 48 – waren verloren. Die Boote wurden schließlich am

Nachmittag des 9. Oktober 1942 von dem amerikanischen Turbinenschiff JOHN LYKES (6843 BRT) aufgenommen, das sie nach Port Elisabeth brachte.

Nach der Versenkung der BELGIAN FIGHTER ging Merten mit U 68 auf Tiefe. In der Nacht zum 9. Oktober hatte er bereits so viele Torpedos abgeschossen, daß das Boot nicht mehr ausgetrimmt war und „mit Höllenfahrt runterging".

Die Nadel des Tiefenmessers raste schneller, als das Auge folgen konnte, über das Zifferblatt: 50, 80, 120, 200 m zeigte der Zeiger, dann traf er den Stopper, und es gab ein unheilvolles Knistern und Krachen über das ganze Boot.

Schließlich stieg es, mit E-Maschinen „äußerste Kraft zurück" und beiden Tiefenrudern hart nach oben, auf eine vernünftige Tiefe.

In der Nacht zum 9. Oktober 1942 waren durch Merten mit U 68 23 862 BRT versenkt worden, während die Kommandanten der anderen Boote der Gruppe „Eisbär" weniger Fortune hatten. Eigentlich waren sie zu dieser Zeit eher die Gejagten als die Jäger gewesen.

Kapitänleutnant Witte hatte ereignislose Stunden hinter sich, als er mit seinem Boot in der Nacht zum 9. Oktober über Wasser Südwestkurs lief, während Korvettenkapitän Poskes U 504 fast zu viel zu tun hatte. Dieser fuhr mit seinem Boot in dieser Nacht westlich von Saldanha Suchstreifen und befahl um 21.30 Uhr Alarmtauchen wegen Zielsuchgeräuschen, die vom FuMBe* festgestellt worden waren.

Er befürchtete offenbar einen Luftangriff gleich jenen

* Funkmeß-Beobachtungsgerät

auf den Ansteuerungswegen in der Biskaya, es ist aber wahrscheinlich, daß sein „Metox“ die Radarstrahlen von den Stationen an der Küste empfing. Er tauchte mit U 504 am 8. Oktober um 23.00 Uhr auf und sah im Süden „Explosionen, Feuerschein, dann Scheinwerfer“. Um Mitternacht entschloß er sich, Nordwestkurs zu steuern und einen Handelsweg zu suchen, von dem er annahm, daß er in dieser Richtung läge.

Kapitänleutnant Emmermann hatte mit U 172 eine durchaus unerfreuliche Nacht zu durchstehen. Am 8. Oktober 1942 lief er um 18.00 Uhr in Richtung Ansteuerungspunkt „A“. Der verwegene Kommandant hatte sich entschlossen, einen erneuten direkten Anlauf zur Tafelbucht zu unternehmen. Als es schwierig war, das U-Boot auf Sehrohrtiefe zu halten, nahm er es auf, und „Schraubengeräusche“ um 19.20 und 20.20 Uhr gaben jede Veranlassung zur Vorsicht. Gegen 20.20 Uhr schrieb Emmermann in sein Kriegstagebuch:

„Asdic-Impulse können von meinem Apparat gehört werden. Ich schleiche entlang.“

17 Minuten später wurde U 172 angegriffen. Emmermanns diesbezüglicher KTB-Eintrag:

„12 Wasserbomben ohne Wirkung losgemacht, kleine Schäden, hauptsächlich Sicherungen, Kreiselkompaß ausgefallen, Deckel an Rohr IV undicht. Kurz danach zwei weitere Serien Wasserbomben, jede 12. weiter weg.“

Weiterer Vermerk um 21.00 Uhr:

„Zwei U-Boot-Jäger klar zu hören, abwechselnd auf meinem Kurs, versuchen mich zu orten.“

Das ging bis nach Mitternacht. Um 1.00 Uhr schrieb Emmermann in das Kriegstagebuch von U 172:

„U-Jäger setzten Ortungsversuche nahe bei meinem Boot fort. Sie operieren sehr geschickt, zu meinem Ärger fortgesetzt hier- und dorthin wechselnd.“ –

In der Nacht zum 9. Oktober 1942 waren die Zerstörer NIZAM (1690 t), FOXHOUND (1350 t) und ACTIVE (1350 t) von der Tafelbucht zur U-Boot-Abwehrsuche nach Westen und Nordwesten ausgelaufen, und der von Emmermann um 20.37 Uhr berichtete Angriff scheint von mehr als einem Fahrzeug durchgeführt worden zu sein. Im KTB der Südatlantikstation wird dagegen kein Angriff der britischen Zerstörer zu dieser Stunde erwähnt. Es ist lediglich von einem Angriff durch die Korvette ROCK ROSE (725 t) auf Position 34°05′S/17°03′E die Rede – in dem Seegebiet also, wo Emmermann mit U 172 „entlangschlich“. –

Um 05.00 Uhr trug Kapitänleutnant Emmermann folgendes in das Kriegstagebuch ein:

„Nicht länger möglich aufzutauchen, während es noch dunkel ist. Die Vorbedingungen für Horchen und Orten sind ideal, weil die See glatt ist. Jedes im Boot erfolgte Geräusch verursacht sofortige Reaktion.“

U 172 entglitt in Richtung Südwest, aber die Lage war kritisch, Emmermann wagte es nicht, das Boot auftauchen zu lassen. KTB-Eintragung um 19.53 Uhr:

„Während dieser Jagd hörten wir deutlich die Laute eines sinkenden U-Bootes. Nach einer schlimmen Wasserbombensalve waren wir in der Lage, die Sinkgeräusche ganz deutlich aufzunehmen. Offensichtlich ist Sobe mit U 179 plötzlich in die rasende Welle des feindlichen

Gegenangriffs hineingelaufen und fuhr auf diese Weise in sein Verderben."

War es wirklich so?

Kurz vor Mitternacht wurde U 179 an der Oberfläche vom Radar erfaßt, in einer Entfernung von etwa 65 sm nordwestlich der Tafelbucht. Die Zerstörer NIZAM, FOXHOUND und ACTIVE waren zu dieser Zeit auf Position 33°28′S/17°05′E und bildeten in dieser Reihenfolge einen Fächer nach Steuerbord. Die Schiffe waren zwei Seemeilen auseinander und fuhren mit 16 kn auf Kurs 165°. Der britische Zerstörer ACTIVE hatte gerade 99 Überlebende des Frachtschiffs CITY OF ATHENS übernommen.

Der nachfolgende Angriff wurde in den „Proceedings of U-boat Assessment Committee" wie folgt beschrieben:

„Um 20.22 Uhr beobachtete man einen Funkpeilpunkt aus Richtung 150°, Entfernung 2500 yards. Kurz danach wurde ein Asdic-Kontakt Steuerbord voraus auf eine Entfernung von 1600 yards beobachtet und ein großes U-Boot über Wasser gesichtet, Lage Steuerbord 20°.

Das U-Boot schien gestoppt zu liegen, wahrscheinlich, um seine Batterien aufzuladen. Die Geschwindigkeit wurde auf 25 kn erhöht und der Kurs leicht nach Steuerbord geändert, um das U-Boot breiter in den Strahl zu bringen. Auf 800 yards wurde das Ziel mit dem Scheinwerfer angeleuchtet und mit dem Bordgeschütz das Feuer eröffnet, jedoch kein Treffer erzielt. Das U-Boot tauchte, als die Entfernung 450 m betrug.

Der Zerstörer ACTIVE drehte auf das U-Boot zu und

hielt einen Kurs etwa 5° vor dem U-Boot-Turm. Das U-Boot passierte unterhalb der Backbordseite in dichter Entfernung auf zusammenlaufendem Kurs. Es wurde mit einer 10er-Wasserbombensalve systematisch angegriffen, eingestellt auf 15 und 45 m. Es wurde beobachtet, daß die Ladungen alle rund um das U-Boot detonierten. Die Strudel und Blasen, die durch sein Tauchen verursacht wurden, waren klar zu sehen. Die Wasserbombenbedienung berichtete, daß das U-Boot als Ergebnis des Angriffs zur Wasseroberfläche heraufgeblasen wurde und dann verschwand. Aber das konnte nicht bestätigt werden. Es konnte kein Kontakt beobachtet werden, trotz einer während der ganzen Nacht gefahrenen Suche. Eine große Lache von Dieselöl kam an die Wasseroberfläche, die bei der Morgendämmerung etwa 3 sm lang und eine halbe Seemeile breit war. Wrackteile wurden nicht gefunden."

Der Kommandant des britischen Zerstörers ACTIVE war der Meinung, daß das deutsche U-Boot bei dem Wasserbombenangriff versenkt wurde, und im Kriegstagebuch der Südatlantik-Station war der Angriff als „erfolgversprechend" bezeichnet worden.

Das „U-Boot ASSESSMENT COMMITTEE" der Admiralität berichtete in einer Stellungnahme vom 28. Dezember 1942:

„Es ist ganz wahrscheinlich, daß die Anerkennung dieses Angriffs vielleicht zu widerrufen ist, aber im Lichte der gegenwärtigen Erkenntnis ist das U-Boot als ‚wahrscheinlich versenkt' anzuerkennen."

Kapitän Hessler hat dazu festgestellt:

„Während des Krieges hat der Befehlshaber der

U-Boote nicht erfahren, daß U 179 im Kapstadt-Bereich versenkt worden ist. Nach seiner Ansicht ist es einem Bombenangriff in der Nähe der Insel Ascension zum Opfer gefallen."

Mit der Morgendämmerung des 9. Oktober 1942 hatten die starken Gegenmaßnahmen der Royal Navy und der südafrikanischen Luftwaffe Erfolg. Die Boote der Gruppe „Eisbär" waren auf dem Rückzug, und nie wieder näherte sich einer der Kommandanten mit seinem Boot der Tafelbucht weniger als 100 Seemeilen.

Die Kapstadt-Ansteuerung der „Eisbär"-Boote

Nach dem hohen Tempo der Operationen am 8. Oktober 1942 brachten die folgenden Tage etwas Ruhe. Alle Kommandanten der „U-Boot-Gruppe ‚Eisbär'" entfernten sich mit ihren Booten von der Kap-Halbinsel und hielten in den Seegebieten, die weniger stark von Zerstörern und Flugzeugen überwacht wurden, nach Schiffen Ausschau.

Die Royal Navy und die südafrikanische Luftwaffe waren eifrig bemüht, die Schlacht wieder aufzunehmen, aber nur zwei „Kontakte" kamen zustande; beide hatten aber nichts mit U-Booten zu tun.

Das 23. TBR-Geschwader nahm seine Streifen mit der Morgendämmerung wieder auf und flog drei U-Boot-Suchen über einem Gebiet von 400 sm. Flöße, Wrackteile und Rettungsboote wurden gesichtet, und Leutnant Webb stellte eine „große Öllache" an dem Ort fest, wo U 179 am 8. Oktober durch Wasserbomben des Zerstörers ACTIVE vor Kapstadt auf der Position 33°28′S/17°05′E mit 61 Mann der Besatzung gesunken sein sollte. Ein Handelsschiff antwortete nicht auf Erkennungssignale und feuerte drei Schuß auf die „Ventura" des Leutnants Connel. Der Kapitän des Schiffes ließ danach Erkennungssignalflaggen hissen.

Während des Morgens liefen die Zerstörer NIZAM, ACTIVE und FOXHOUND zur Ölergänzung nach Kapstadt ein und brachten Überlebende an Land, während der Schlepper WALTERMEYER um 11.00 Uhr sich bemühte, die brennende SWIFTSURE auf den Haken zu nehmen.

Um 10.12 Uhr griff die Korvette ROCK ROSE einen „Kontakt" 20 sm südwestlich von Kap Point an, und eine „Ventura" unter Führung von Leutnant Naude startete um 11.00 Uhr, um die Korvette zu unterstützen. Die Besatzung sichtete die treibende SWIFTSURE, eingehüllt in Rauch und brennendes Öl, zusammen mit vier südafrikanischen Minensuchern, die rund um sie herum versammelt waren – aber es gab kein Anzeichen eines U-Bootes.

Für zwei Kommandanten der „U-Boot-Gruppe ‚Eisbär'" war der Morgen ereignislos. Korvettenkapitän Merten war mit seinem Boot unter Wasser sicher und lief mit U 68 auf Kurs Süd, während Kapitänleutnant Emmermann mit U 172 getaucht auf einem südwestlichen Kurs marschierte. Um 9.00 Uhr stellte er fest, daß die Asdic-Ortung sein Boot verloren hatte und nur „schwer gehört werden könne", doch entschloß er sich, nicht vor Dunkelheit aufzutauchen. Auf Korvettenkapitän Poskes U 172 gab es um 8.15 Uhr einige Aufregung, nachdem er „Alarmtauchen vor Flugzeugen" befohlen hatte. Zu dieser Zeit flog eine „Ventura" unter Major Robbs über das Seegebiet, sah aber das U-Boot nicht.

Kapitänleutnant Witte war mit U 159 abgelaufen und hielt am Morgen des 9. Oktober aufgetaucht einen südwestlichen Kurs. Um 8.24 Uhr sah er auf eine Entfernung von 13 sm Mastspitzen und tauchte um 11.54 Uhr zum Angriff. Eine Stunde später schoß er einen einzelnen

Torpedo auf einen US-Dampfer von 6557 BRT (ex WILLBOROW/EASTERN ADMIRAL), der nach dem Torpedotreffer auf der Position 35°47'S/14°34'E langsam über das Heck sank. Witte, der danach mit seinem Boot aufgetaucht war, erfuhr von der Besatzung in den Rettungsbooten ihre Identität. Vom Oberbefehlshaber Südatlantik wurden keine Notrufe empfangen.

Die Versenkung wurde erst am Abend des 11. Oktober bekannt, als der Zerstörer ARROW auf der Position 35°15'S/14°21'E ein Rettungsboot mit Überlebenden aufnahm. Ein zweites Boot wurde nicht gefunden.

Am Nachmittag des 9. Oktober 1942 fuhren die Zerstörer NIZAM und FOXHOUND von Kapstadt zu einer anderen Operation, während der Zerstörer ARROW zur Ölergänzung einlief. Trotz der durch die U-Boot-Offensive verursachten Aufregungen hatte Vizeadmiral Tait seine „Volley"-Operationen zum Abfangen von Blockadebrechern fortzusetzen, und an diesem Abend liefen die Flak-Kreuzer SIRIUS (5450 t) und PHOEBE (5450 t) auf Suchfahrt von Simonstown nach 40°Süd. Um 15.00 Uhr landete die VEREENIGING viele Überlebende in Simonstown und kehrte dann zu der Minensuchflottille zurück.

Luftverstärkung war ebenfalls zum Kap auf dem Weg, und fünf „Venturas" vom 25. TBR-Geschwader landeten zur Unterstützung des 23. TBR-Geschwaders in Eerste Rivier.

Fünf „Ansons" von der örtlichen Luftwaffenschule und drei „Albacores" sowie zwei „Walrus"-Flugboote von den Flottenluftstreitkräften nahmen auch an den Patrouillen teil. Im Kriegstagebuch des 23. Geschwaders ist zu lesen:

„Die Bodenmannschaften verrichteten gewaltige Arbeit bei der Wartung der Maschinen, bis nach Mitternacht mit Handlampen und elektrischer Beleuchtung arbeitend ... Die Nachricht, daß die Marine ein U-Boot versenkt hatte und möglicherweise noch ein weiteres, wurde mit großer Genugtuung aufgenommen."

Die französische Korvette COMMANDANT DETROYAT (630 T) war auf dem Weg von Durban nach Simonstown. Um 20.20 Uhr meldete sie, daß vier Angriffe auf einen „Kontakt" auf Position 35°20'S/21°15'E durchgeführt worden seien und daß „nach dem vierten Angriff das Echo fehlte". Sie erhielt den Befehl, bis zum Tageslicht in der Nähe zu bleiben und dann nach Simonstown zu marschieren.

Der Kommandant der Korvette erklärte später:

„Die Bewegung des Zieles nahm nach den beiden ersten Angriffen ab und stoppte schließlich nach dem vierten Angriff. Vielleicht machte das U-Boot den erfolglosen Versuch aufzutauchen. Die große Tiefe des Zieles zeigte an, daß, wenn das U-Boot noch nicht zerstört wurde, es auf jeden Fall soweit kommen würde."

Unterdessen bahnte sich ein neues Drama an – nach einer folgenschweren Aktion von U 172.

Für einige Zeit „folgte er ihm vergebens". Um 10.40 Uhr „tauchte er zum Horchen" und entdeckte Schraubengeräusche in 90°. Um 10.56 Uhr tauchte Kapitänleutnant Emmermann auf und schrieb dann in das Kriegstagebuch:

„Heranschließen, folgen in der Horchrichtung.“

Um 11.00 Uhr wurde das Schiff auf eine Entfernung von 2700 m erneut gesichtet. KTB-Eintrag:

„Die Gefahr, gesehen zu werden, ist groß, die See stark bewegt in kurzen Brechern. Rohre klar zum Angriff.“

Emmermann hatte den großen britischen Passagierdampfer ORCADES (23 456 BRT) gesichtet, der mit 1300 Menschen an Bord auf der Fahrt von Ägypten nach England war. Unter den Passagieren befanden sich Frauen und Kinder, Dienstpersonal und eine indische Schiffsbesatzung, die nach England gebracht werden sollte, um ein neues Schiff zu besetzen. Die ORCADES lief aus Kapstadt am Nachmittag des 9. Oktober 1942 aus und fuhr durch die Wrackteile der letzten Versenkung. Ihr Kapitän hat seine Eindrücke in allen Einzelheiten geschildert. Darunter auch diese:

„Wir hatten gut nach Süden gehalten, um Gefahren zu vermeiden, jedoch diese Wrackteile gaben mir das unangenehme Gefühl, daß wir in die Gefahr hineinliefen. Es wäre mir viel lieber gewesen, wenn ich an der Küste entlanggelaufen wäre, mit der Möglichkeit, das Schiff auf Strand zu setzen, wenn es tödlich getroffen worden wäre, anstatt hinauszusteuern in den Atlantik.

Jedoch, ich hatte Befehlen zu gehorchen, und die Seestraßenbehörden waren gewöhnlich im Besitz von Kenntnissen, welche die Schiffsleitung nicht haben konnte.“ –

Um 11.28 Uhr schoß Emmermann zwei Torpedos, und zwar je einen aus Rohr I und III auf eine Entfernung von 2200 m. Nach seinen eigenen Worten griff er das Passagierschiff ORCADES in einem unmöglichen Winkel an. Der eine Torpedo traf das Ziel unter dem vorderen und der andere unter dem achteren Mast. Schilderung im KTB:

„Zwei hohe Rauchsäulen, die von den Explosionen herrührten. Schiff ist genügend beschädigt worden, so daß seine Rückkehr zum Heimathafen verhindert wurde.“*

Die Nacht vom 9. zum 10. Oktober 1942 ging für die „U-Boot-Gruppe ‚Eisbär‘“ und die Royal Navy im allgemeinen ruhig vorüber. Um 21.30 Uhr tauchte Emmermann mit U 172 auf. Kriegstagebucheintrag:

„Sehr dunkle Nacht. Ich laufe mit halber Fahrt. Beabsichtige nach Südwesten auf den Schiffsverkehr in Wittes Seegebiet zu operieren.“

Um 2.04 Uhr setzte er seinen Erfolgsfunkspruch ab, und die Sendeposition wurde mit einiger Genauigkeit dem Oberbefehlshaber Südatlantik gemeldet.

Die Morgendämmerung des 10. Oktober 1942 brachte eine rauhe See mit jagenden Wolken und zeitweiligen Regenschauern. U 172 marschierte nach Westen, als Kapitänleutnant Emmermann um 10.10 Uhr ein großes

* Drei Peilstrahlen von einem U-Boot wurden während der Nacht im Vereinigten Hauptquartier des Gegners aufgenommen. Einer von ihnen war gänzlich ungenau, während zwei aus dem allgemeinen Gebiet kamen, in dem Emmermann und Witte ihre Erfolge dem Befehlshaber der U-Boote meldeten. Das heißt, die Peilstrahlen wurden auf den Positionen 35°10′S/18°30′E und 35°00′S/16°30′E abgegeben. Auszug aus dem Kriegstagebuch der Südatlantikstation für den 9. Oktober 1942: „Aus Versenkungen und Angriffen geht klar hervor, daß am 8. Oktober 1942 in den Gewässern um Kapstadt mindestens vier U-Boote operierten und daß bis dahin mindestens 11 Schiffe torpediert wurden.“

Schiff sichtete, das „hoch aus einer Regenbö herausstoppt und vollgestopfte Rettungsboote fiert“. Es war das 23 456 BRT große Passagierschiff ORCADES!

Um 11.45 Uhr wird aus Rohr II ein dritter Torpedo als Fangschuß losgemacht, doch Emmermann glaubt, daß der Torpedo ein Versager war und auf Tiefe ging, nachdem er das Rohr verlassen hatte. Danach brachte er einen weiteren Treffer an.

Der Schiffsführer der ORCADES, Captain Fox, beschrieb die Wirkung des Angriffs wie folgt:

„Die Routine war erledigt, ich ging von der Brücke in meine Kabine für eine Pfeife in der ruhigen Morgendämmerung. Ich dachte an dies und das und versuchte ruhiger zu werden. Ich war gerade eingeschlummert, als ich von einer lauten Explosion geweckt wurde. Es war der Ton, den ich den ganzen Krieg gefürchtet hatte. Wir waren von einem Torpedo getroffen worden.

Ich werde niemals diesen Ton vergessen. Er schien eine fürchterliche Kraft hinter sich zu haben. In Sekundenschnelle war ich auf der Brücke. Die Alarmglocken läuteten bereits, um die Besatzung und die Passagiere auf ihre Stationen für den Notfall zu rufen. Wenige Minuten später folgten zwei noch lautere Explosionen in schneller Folge. Das bedeutete zwei weitere Torpedos, zusammen drei. Das Schiff schüttelte sich und verlor Fahrt; schließlich stoppte es, und der Rudergänger meldete, daß das Schiff aus dem Ruder lief. Ich konnte fühlen, daß das Schiff sich tiefer in das Wasser setzte, aber glücklicherweise blieb es auf ebenem Kiel. Es war nicht nötig zu fragen, wo ein Torpedo getroffen hatte, weil die See an Backbord aus den vorderen Laderäumen mit Orangen bedeckt war. Ich konnte auf dem Wasser kein Öl sehen, was ein gutes Zeichen war, weil es bedeutete, daß der Mittelteil des Schiffes, der Maschinen- und Kesselräume enthält, unbeschädigt war. Die Geschützbedienung war bereit, das Feuer zu eröffnen, auf das erste Zeichen des Feindes, aber wir sahen ihn nicht. In der rauhen See war es schwierig gewesen, ein Sehrohr aufzufinden. Er ging nicht das Risiko ein, von einem Geschütz beschossen zu werden."

Trotz der fürchterlichen Schläge, die das Schiff getroffen hatten, war Captain Fox noch voll Hoffnung, es erhalten zu können, weil die ORCADES elf wasserdichte Abteilungen und einen guten Spielraum für die Schwimmfähigkeit besaß, sofern die Schotten hielten. Er hatte die Maschinen gestoppt, um den Druck auf die Schotten zu mildern. Überdies wäre das Schiff im anderen Fall mit dem Backbordpropeller und dem beschädigten Steuerruder im Kreis gelaufen.

Entsprechende Befehle wurden für das Fieren der Boote gegeben, aber Captain Fox hatte bestimmt, daß 50 Freiwillige an Bord zurückzulassen seien und sich bemühen sollten, sein Schiff nach Kapstadt zu bringen. Das Fieren der Boote in diese grobe See war schwierig und gefährlich. Dazu Captain Fox:

„Ich sah auf die See, im Gedanken, daß hier noch das U-Boot lauerte, und entschied, die Rettungsboote fortzuschicken."

Die Steuerbordmaschine wurde angelassen, um dem Schiff Fahrt voraus zu geben, und das Aussetzen der Rettungsboote begann ohne Zeichen irgendeiner Panik. Fox:

„Die meisten Frauen trugen lockeres Zeug, die richtige Ausrüstung für Kriegszeit, und sie hatten warme Kleidung. Das war wirklich zugleich ein Farbfleck, zumal die meisten Frauen einen bunten Schal hatten.* Ich hatte ein wenig Sorge wegen der indischen Crew gehabt, aber sie ließen keine Anzeichen von Furcht sehen. Sie hatten einen Führer, der ein Seemann mit langer Erfahrung war."

Das Zuwasserbringen wurde glatt durchgeführt. Bootssteuerer und Besatzungen erledigten ihre Aufgabe vorzüglich. Captain Fox:

„Sie manövrierten ihre Boote von der Schiffsseite fort und trieben nach achtern, in der Erwartung, von den Motorbarkassen in Schlepp genommen zu werden. Die Ingenieure waren nun dabei, eine provisorische Reparatur des Steuerruders vorzunehmen, und wir waren dann wieder in der Lage, das Ruder zu gebrauchen."

Nur ein Boot war gekentert. Seine 38 Insassen, darunter eine Krankenschwester, waren in die See gestürzt und ertrunken. Die Boote verschwanden in Dunst und Regen, und die ORCADES setzte sich mit 6 kn Geschwindigkeit in Richtung Kapstadt ab.

Währenddessen bereitete Emmermann einen neuen Schlag vor. Das Rohr IV war durch Wasserbomben beschädigt worden, so daß er auf das Nachladen der Rohre I bis III warten mußte. In sein Kriegstagebuch schrieb er um 12.00 Uhr:

„Rohr III nachgeladen, auf Sehrohrtiefe nichts zu sehen. Keine Schraubengeräusche. Aufgetaucht sehe ich

* Im Seenotfall wichtige Erkennungsmerkmale

ihn (die ORCADES) in einer Regenbö wieder. Er sieht mich, wie es scheint, weil er abgedreht und im Zickzack mit 8 kn auf 80° abläuft, indem er seine Rettungsboote hinter sich läßt. Er sendet ununterbrochen Funksprüche auf der 600-m-Welle und ruft Luftunterstützung herbei, die bald eintreffen mag. Ich muß mich beeilen."

Das SSSS-Signal der ORCADES wurde in Kapstadt um 11.40 Uhr empfangen. Die br. Zerstörer ARROW, ACTIVE und NIZAM wurden sofort zur Angriffsstelle entsandt, hatten jedoch einen weiten Weg zurückzulegen.

Zu dieser Zeit waren sechs „Venturas" des 23. TBR-Geschwaders auf U-Boot-Abwehrstreife in der Luft. Drei von ihnen waren vor etwa fünf Stunden gestartet und knapp mit Treibstoff. Andererseits war es überraschend genug, daß den anderen drei kein Befehl zum Heranschließen an das br. Passagierschiff ORCADES gegeben wurde.

Vier „Venturas" des 25. TBR-Geschwaders waren ebenfalls in der Luft und führten ihre „Volley"-Streifen durch.

Es dauerte bis 14.10 Uhr, ehe eine „Ventura" unter Captain Gray mit dem Befehl startete, „die ORCADES aufzunehmen und eine Meldung abzusetzen". Zu der Zeit, als das Flugzeug die Position des Havaristen endlich erreichte, ging der Passagierdampfer bereits unter. Das lange Verbleiben im Bereich der U-Boot-Gefahr war von Captain Fox und seinen Freiwilligen ein Beweis großen Mutes, und die Zuversicht wuchs, als das große Schiff sich langsam durch die grobe See und den Regendunst drückte. Captain Fox später zu diesen Ereignissen:

„Wir mußten etwa 15 sm gedampft sein. Meine Gedanken liefen jetzt aufgeregt. Ich sah Visionen der Rettung des Schiffes und hoffte nur, es würde lange genug schwimmfähig bleiben, um den Hafen zu erreichen . . . Unsere Hoffnungen wurden in mehr als einer Beziehung durch drei schnell aufeinanderfolgende Explosionen erschüttert. Der Feind hatte erneut zugeschlagen und beabsichtigte unser Ende zu diesem Zeitpunkt."

Um 13.18 Uhr hatte Kapitänleutnant Emmermann den Eindruck, daß man auf der ORCADES gegen U 172 das Feuer eröffnete, doch an Bord des Passagierschiffes wurde das U-Boot nicht gesehen. Abwechselnd über Wasser und getaucht fahrend, schloß es um 13.55 Uhr heran, und die Brückenwache sah Signalflaggen wehen. Sie zeigten an:

„Hier befindet sich ein feindliches Unterseeboot in meiner unmittelbaren Nähe."

Kapitänleutnant Emmermann schloß daraus:

„Das bedeutet, daß feindliche Luftstreitkräfte bereits eingetroffen sind."

Zwischen 13.49 Uhr und 13.54 Uhr schoß er drei Torpedos und vermerkte um 14.00 Uhr im KTB:

„Schiff geht nach Steuerbord über, kentert und sinkt in drei Minuten auf der Position 31°51′S/14°40′E."

Und unmittelbar danach:

„Drei Fliegerbomben, Alarmtauchen."

Captain Fox verließ als letzter sein Schiff. Es war zu spät für ihn, in ein Boot zu gehen, und er mußte schwimmen. Seine abschließenden Eindrücke beschrieb er wie folgt:

„Ich blickte zurück, und als ich auf einen Wellenkamm stieg, war das Schiff zu sehen. Es lag nach Steuerbord auf einer Seite, wobei Mast und Schornstein in das Wasser tauchten. Es glich einer Filmvorführung und war doch die Wirklichkeit. Krieg ist eine schreckliche Sache. Und anzusehen, wie ein so schönes Schiff wie die ORCADES vernichtet wurde, ohne eine Möglichkeit zurückzuschlagen, schien in mir alles zu zerbrechen. Langsam sank das Schiff tiefer und tiefer. Ich erwartete es wegen des Gewichtes des Schornsteines und der Aufbauten kieloben herumgedreht zu sehen, aber es sank auf der Seite und verschwand unter den Wellen. Das „Red Ensigne"* wehte noch, als das Schiff sank."

Die ORCADES war das größte Schiff, das während des Krieges in südafrikanischen Gewässern sank. Vierzig Leben gingen verloren, einschließlich zweier Schmierer, die durch die erste Explosion getötet worden waren. Die Überlebenden der ORCADES wurden von dem Dampfer NARVIK (4251 BRT), einem schwedischen Frachter, gerettet, der am Nachmittag des 10. Oktober in diesem Seegebiet eintraf.

Um 15.36 Uhr sah die Besatzung der „Ventura" von Captain Gray, wie der Frachter die Überlebenden aus 30 Rettungsbooten übernahm. Captain Gray, der mit seiner Maschine den Schweden zur U-Boot-Sicherung eineinhalb Stunden umrundete, sah jedoch kein Anzeichen eines Unterseebootes. Tatsächlich hatte Emmermann auch nicht die Absicht, vor Eintritt der Dunkelheit mit seinem Boot aufzutauchen. Im Dunst sah er den Frachter NARVIK allerdings auch nicht.

* Britische Handelsflagge

Im Norden des Seegebietes vor Kapstadt sichtete Kapitänleutnant Witte um 8.19 Uhr auf eine Entfernung von 11 sm ein Schiff. Er tauchte mit U 159 um 9.16 Uhr zum Angriff und schoß um 10.12 Uhr zwei Torpedos. Es wurde ein Mißerfolg, wie das KTB ausweist:

„Voll geladener Frachter von 6000 BRT, kein Zickzackkurs. Zwei Fehlschüsse trotz genauer Schußunterlagen. Unerklärlich!"

Um 11.21 Uhr tauchte das Boot auf und versuchte, das Fahrzeug in einer langen Jagd von achtern zu überholen. Er hätte es sicher bekommen, aber es wurde um 15.41 Uhr ein Flugzeug auf eine Entfernung von 12 sm gesichtet, und U 159 mußte mit Alarmtauchen auf Tiefe gehen. –

In den Annalen des 23. TBR-Geschwaders heißt es hierzu:

„Um 10.50 Uhr starteten Major Robbs und seine Besatzung mit der ‚Ventura' 6039 für eine U-Boot-Aufklärung. Ein Frachter wurde auf der Position 34°42′S/15°42′E gesichtet, aber weder identifiziert noch fotografiert. Diesem Schiff lief ein Unterseeboot hinterher, das einen rechtweisenden Kurs von etwa 265° steuerte. Um 15.45 Uhr wurde aus dem achteren Sektor auf das U-Boot ein Angriff mit vier 125-kg-Wasserbomben durchgeführt. Einstellung 15 m unterhalb Sehrohrtiefe, Zündereinstellung 50 Fuß. Die erste Ladung fiel etwa 30 m vom Unterseeboot entfernt in die See, die anderen noch weiter. Angriff etwa 30° zum Kurs des Unterseebootes. Vier Explosionen erfolgten, aber keine Luftblasen oder Trümmer wurden sichtbar. Das Flugzeug kreiste drei Minuten lang und ging dann auf Kurs zum Flugplatz, wo es um 17.02 Uhr landete."

Kapitänleutnant Witte berichtete in seinem Kriegstagebuch über den Angriff um 15.45 Uhr in lapidarer Kürze:

„Drei Bomben, keine Beschädigung." –

Trotzdem hatte Major Robbs wahrscheinlich das Schiff gerettet, das Witte mit seinem Boot verfolgte. Er tauchte mit U 159 nicht vor Eintritt der Dunkelheit auf.

Im Kriegstagebuch der Station Südatlantik steht allerdings:

„Vorläufige Überprüfung klassifiziert den Angriff als gut, mit der Möglichkeit, das Unterseeboot ernsthaft beschädigt zu haben."

Fünf Tage später wurde das 23. TBR-Geschwader unterrichtet, daß Major Robbs und seiner Besatzung anerkannt werde, wahrscheinlich ein Unterseeboot vernichtet zu haben. Im Januar 1943 wurde der Angriff aber erneut überprüft, und es wurde entschieden, daß der Ölfleck wahrscheinlich auch andere Ursachen gehabt haben könnte.

Die Versenkung der ORCADES war das herausragende Ereignis des 10. Oktober 1942. Abgesehen von dem Angriff auf U 159 gab es keine anderen wichtigen Vorkommnisse.

Die Minensuchflottille kämmte weiter das Seegebiet südwestlich von Kap Point ab, wobei die VEREENIGING für einen Asdic-Schirm sorgte. Sie erhielt um 9.25 Uhr ein Echo und feuerte einen ganzen Wasserbombenteppich. Eine dicke Lage von Öl breitete sich wie ein schwarzes Laken über das Wasser, so daß, wenn ein Unterseeboot anwesend gewesen wäre, die Feststellung eines Ergebnisses schwierig gewesen wäre.

Um 18.57 Uhr befahl der alliierte Oberbefehlshaber Südatlantik, daß die Zerstörer ACTIVE und NIZAM den Frachter NARVIK aufnehmen und nach Kapstadt geleiten, während die Zerstörer ARROW und FOX-HOUND 40 sm westlich von Kap Point patrouillieren sollten.

Diese Anordnungen wurden um 1.30 Uhr des 11. Oktober 1942 geändert, nachdem der Zerstörer ARROW gemeldet hatte, daß die Zerstörer NIZAM und FOX-HOUND den schwedischen Frachter NARVIK aufnehmen würden. In Übereinstimmung mit vorher erlassenen Befehlen setzten sich die Zerstörer ARROW und ACTIVE zu einem Treffpunkt mit dem britischen Passagierdampfer AQUITANIA (44 786 BRT) ab, den sie in die Tafelbucht zu geleiten hatten.

Suche nach Zielen vor Kapstadt

Die Versenkung des Passagierdampfers ORCADES bedeutete gleichzeitig das Ende des ersten Zuschlagens der „U-Boot-Gruppe ‚Eisbär'" im Seegebiet um Kapstadt. In vier Tagen hatten die U-Boote 14 Schiffe mit zusammen 100 902 BRT versenkt, und am 12. Oktober 1942 veröffentlichte das Oberkommando der Wehrmacht einen triumphierenden Bericht.

Darin wurde festgestellt, daß 12 Schiffe mit zusammen 74 000 BRT vor Kapstadt versenkt worden seien.

Nach der Anfangsüberraschung waren die Operationen der deutschen U-Boote immer schwieriger geworden, und die Gruppe „Eisbär" war gezwungen worden, ein sicheres Seegebiet aufzusuchen. Nach dem 10. Oktober 1942 hörten ihre Aktionen auf, ein „Paukenschlag" größter Art zu sein, und sie nahmen die Merkmale eines Wartezustandes an. Es erübrigt sich somit, den Bewegungen der einzelnen U-Boote, Kriegsschiffe und Flugzeuge während dieser Phase in allen Einzelheiten zu folgen.

Der Rückzug der U-Boote aus den Küstengewässern vor Kapstadt gab dem Oberbefehlshaber Südatlantik die Gelegenheit, seine Streitkräfte zu reorganisieren. Verstärkungen von der Östlichen Flotte waren unterwegs, und auf Befehl der Admiralität teilte Sir James Smerville die br. Zerstörer FORTUNE (1350 t), NORMAN (1690 t), NEPAL (1690 t ex NORSEMAN), INCON-

STANT (1350 t) und CATTERICK (904 t) zum Einsatz im Seegebiet um Kapstadt ein.

Admiral Tait wurde genehmigt, die Instandsetzung der Zerstörer NIZAM und FOXHOUND aufzuschieben und die Zerstörer ARROW und ACTIVE bis zum Eintreffen der anderen zurückzuhalten. Der Oberbefehlshaber Südatlantik hatte außerdem die vier Korvetten ROCK ROSE (725 t), THYME (725 t), CYCLAMEN (725 T) und COMMANDANT DETROYAT (725 t) zur Verfügung, während am 16. Oktober 1942 drei „Catalina"-Flugboote des in Ostafrika stationierten 209. Geschwaders in Langebaan eingetroffen waren.

Der folgende Auszug ist der „Übersicht und Beurteilung" entnommen, die dem Kriegstagebuch der Station Südatlantik für Oktober 1942 beigefügt wurde:

„Es wurde begonnen, von Kapstadt und Durban aus in Gruppen zu fahren. Ein Sektorensystem von Saldanha Bay aus wurde eingeführt. Der jeweils benutzte Sektor wurde von der südafrikanischen Luftwaffe gedeckt, und einlaufende Schiffe wurden auseinandergezogen, um deren Schutz zu erhalten. Sobald Geleitschutz verfügbar wird, sind regelmäßige Konvois zwischen Kapstadt und Durban sowie ostwärts von Durban einzurichten. Gruppen mit Überwassergeleit und Luftschirm sind gegenüber Angriffen unverletzlich. Südafrikanische Marinestreitkräfte werden für die örtliche Hafenverteidigung und die Rettung Überlebender von versenkten Schiffen eingesetzt."

Südafrikanische Unterseeboot-Jäger wurden bis 1943 nicht als Geleitsicherung eingesetzt, jedoch suchte die Minensuchflottille während des 10., 11. und 12. Oktober

1942 das Seegebiet südwestlich von Kap Point ab. Während dabei aber keine Minen aufgebracht wurden, konnte am dritten Tag eine Treibmine unschädlich gemacht werden.

Bei der weiteren Suche nach Überlebenden wurden nur noch Wrackteile, leere Flöße und einige Leichen gefunden. Luftpatrouillen wurden pausenlos fortgesetzt.

Im Kriegstagebuch der Station Südatlantik heißt es hierzu:

„Während des Zeitabschnittes vom 12. bis 18. Oktober 1942 hat das Kommando der Luftverteidigung (Kapstadt) alle Rekorde der Zahl der Einsatzstunden gebrochen, die bei irgendeinem Luftverteidigungskommando im Küstenbereich während des Zeitraums einer Woche geflogen wurden."

Von Zeit zu Zeit wurden Meldungen über die Boote der „U-Boot-Gruppe ‚Eisbär'" in Kapstadt empfangen. Am 11. Oktober 1942 um 7.29 Uhr meldete der Zerstörer NIZAM die Sichtung eines aufgetauchten Unterseebootes auf der Position 35°51'S/16°24'E. Es war U 159, das alarmtauchen mußte, jedoch keine Wasserbomben und nur eine Verfolgung durch Horcheinsatz und Asdic meldete.

Kapitänleutnant Witte führte das Erscheinen von Kriegsschiffen in diesem Seegebiet auf die Versenkung des Passagierdampfers ORCADES durch U 172 zurück, und tatsächlich war der Zerstörer NIZAM auch auf dem Marsch, um den schwedischen Frachter NARVIK zu treffen.

Am Abend des 11. Oktobers 1942 erreichte U 504 das

gleiche Seegebiet. Korvettenkapitän Poske mußte mit seinem Boot tauchen, als plötzlich aus einer Regenbö ein Zerstörer erschien.

Allen Kommandanten der Gruppe „Eisbär" war nun freie Hand gegeben. Sie konnten sich ihre Ziele suchen, mit Ausnahme von U 172, das im Westen von Kapstadt auf und ab stand. Die U-Boote marschierten nun in die Gewässer südlich von Agulhas.

Am 11. Oktober 1942 befand sich U 68 südöstlich der Agulhas-Bank und sichtete am Mittag in schwerer See ein Schiff. Korvettenkapitän Merten ließ zum Angriff tauchen, aber die See war so rauh, daß er im KTB feststellte:

„Es ist unsinnig, einen Torpedo auf eine Entfernung von rd. 1900 m zu schießen."

Merten hatte näher bei der Agulhas-Bank glatteres Wasser erhofft, wurde aber enttäuscht. Am 12. Oktober 1942 wurde sein Boot zweimal durch Flugzeuge zum Tauchen veranlaßt, ohne daß die Maschinen U 68 entdeckt hätten. –

Am 13. Oktober 1942 erfuhr der Oberbefehlshaber Südatlantik, daß die deutsche U-Boot-Gruppe ein neues Opfer gefordert hatte, nachdem um 14.19 Uhr in Kapstadt ein SSSS-Signal von dem britischen Frachter EMPIRE NOMAD (7167 BRT) empfangen worden war. Der Zerstörer FOXHOUND wurde zu der angegebenen Position 36°25'S/16°18'E beordert, während eine „Ventura" des 23. TRB-Geschwaders zu einer U-Boot-Aufklärung startete. Bei der schlechten Sicht gelang es aber nicht, Überlebende oder Rettungsboote festzustellen. –

Die EMPIRE NOMAD, ein britischer Frachter, war

von Kapitänleutnant Witte um 13.53 Uhr gesichtet worden, und er tauchte daraufhin mit seinem Boot sofort zum Angriff. Die Bedingungen konnten schwerlich schlechter sein. Es herrschten steifer Wind und rauhe See, so daß U 159 nur mit hoher Fahrt gehalten werden konnte. Um 14.47 Uhr brachte Witte mit einem Einzeltorpedo einen Treffer mittschiffs an und schrieb danach ins Kriegstagebuch:

„Fahrzeug stoppt, sinkt aber nicht. Zielt mit Heckgeschütz auf das Sehrohr. Um ihn zu vernichten, muß ich mich auf einer Fahrt von 10 kn halten, weil ich mich in Gefahr befinde, aus dem Wasser geworfen zu werden."

Ein zweiter Torpedo verfehlte um 14.55 Uhr das Schiff. Um 15.05 Uhr erbrachte ein dritter einen Treffer, vermochte den Frachter aber nicht zu versenken. Von einem vierten Torpedo getroffen, sank die EMPIRE NOMAD dann um 15.46 Uhr auf der Position 37°50′S/18°16′E.* –

Am 21. Oktober 1942 nahm der Zerstörer NORMAN ein Rettungsboot mit 15 Überlebenden auf. Zwei Tage später sichtete eine „Ventura" des 23. TBR-Geschwaders ein anderes Rettungsboot und leitete den britischen Tanker ELISHA WALKER (7007 BRT) zu der Stelle hin.

Am 13. Oktober 1942 sichtete Korvettenkapitän Merten, als er mit seinem Boot südöstlich der Mossel Bay kreuzte, um 12.05 Uhr einen Tanker. Er war mit U 68 getaucht

* Witte sendete am 13. Oktober 1942 um 23.07 Uhr eine Erfolgsmeldung, und im Kriegstagebuch der Station Südatlantik wurde vermerkt: Funkpeilung eines feindlichen Unterseebootes auf Position 38°15′S/18°35′E.

und bemühte sich, sein Boot in eine gute Schußposition zu manövrieren. Doch in jenem Augenblick, als er schießen wollte, wurde es von einer Grundsee erfaßt und unter Wasser gedrückt. *

Als Merten wieder in der Lage war, durch sein Sehrohr zu blicken, sah er einen Frachter auf dem gleichen Kurs wie der Tanker und tauchte auf, um beide Schiffe zu jagen. Doch dann kam um 14.18 Uhr ein Flugzeug in Sicht. Alarm!

Die Maschine warf keine Bomben. Tief herabhängende Wolken und die Luftpatrouillen machten dann eine weitere Verfolgung unmöglich.

Das nächste Schiff wurde um 20.14 Uhr gesichtet, aber es war zu schnell für U 68, und Merten gab um 23.08 Uhr die Verfolgung „als zwecklos" auf.

Am 14. Oktober 1942, 3.20 Uhr, kam „ein großes Passagierschiff" in Sicht, das auf gut westlichem Kurs lag. Es war ein Lazarettschiff, das an der Bordwand, den Aufbauten und am Schornstein gut sichtbar die Rotkreuzbemalung zeigte. **

Im Morgengrauen stand U 68 vor Kap St. Francis. Das Boot hatte in einem schweren Weststurm mit Böen von Orkanstärke zu tun. Um 6.51 Uhr zwangen vernichtende Seen Merten zum Tauchen, und als er um 14.01 Uhr wieder die Wasseroberfläche durchbrach, wurde er zwei Minuten später mit U 68 von Flugzeugen in Richtung

* Eine KTB-Eintragung um 6.19 Uhr besagte: „Zu operieren ist wegen der sehr harten Westströmung sehr schwierig, und die Agulhas-Bank gibt nicht nur keinen Schutz gegen die schwere See aus Westen, sondern erzeugt vielmehr eine schwere Grundsee."

** Vielleicht ein italienisches Schiff, das Zivilpersonal aus Äthiopien evakuierte.

Von U 68 torpedierter US-Dampfer EXAMELIA (4981 BRT), nach dem Torpedotreffer mittschiffs brennend

Nach Torpedotreffer von U 159 sinkender britischer Dampfer BORINGIA (5821 BRT)

U 68 in schwerer See am Kap der Guten Hoffnung

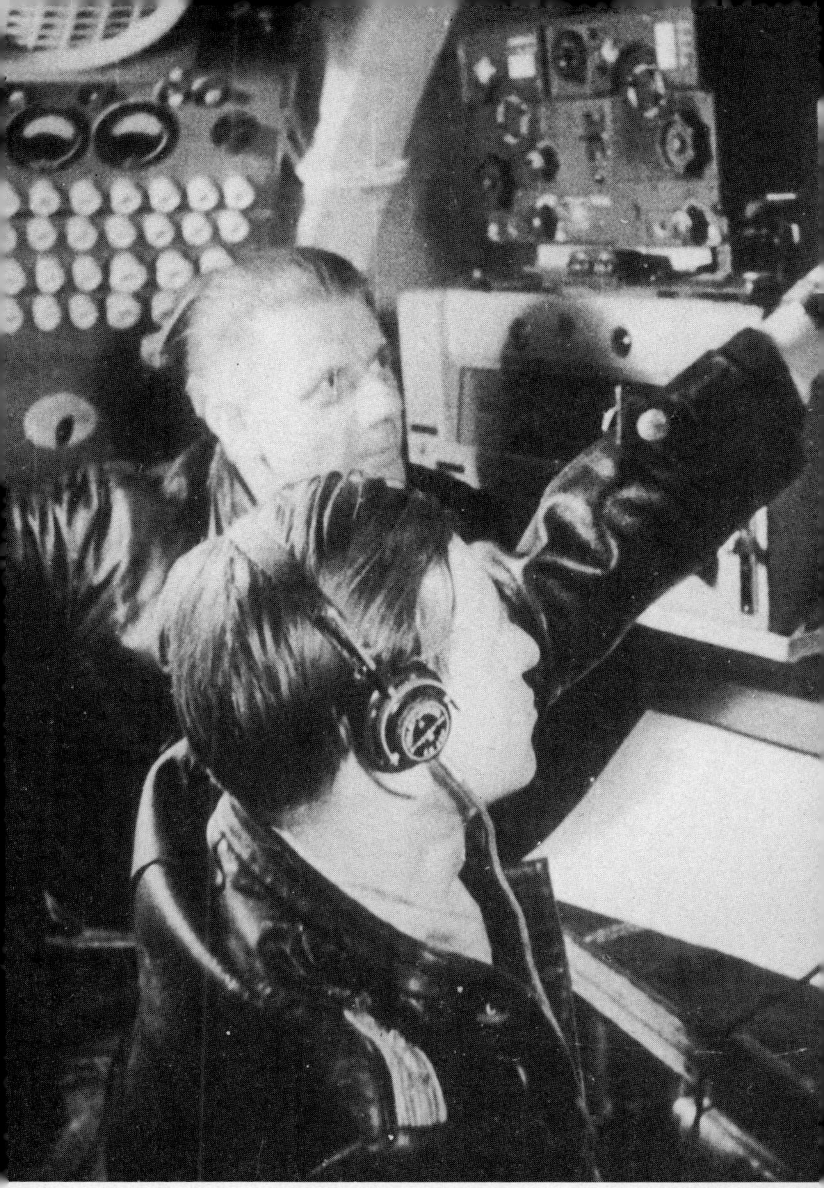

Funk- und Horchraum von U 68

Korvettenkapitän Merten, Kommandant von U 68

250° und 230° zum Alarmtauchen gezwungen. Er schloß daraus, daß in diesem Seegebiet ein Operieren bei Tag über Wasser hoffnungslos sei.*

Unzufrieden mit dem anhaltenden Ausbleiben von Erfolgen, lief Korvettenkapitän Merten mit U 68 nach Südwesten.

Sie fuhren weit nach Süden, ohne ein Schiff zu finden, statt dessen gerieten sie in die „roaring forties“**, die ihnen fast die Seelen aus dem Leib schüttelten.

„Es war wirklich ein eindrucksvolles und Ehrfurcht einflößendes Schauspiel“, wie Obersteuermann Meyer später berichtete. „Wir wurden von gewaltigen Brechern entlanggeschoben, die sich ungehindert von irgendeinem Land, in der Seewüste zwischen Südamerika und Afrika, bildeten. Der Wind war nun voller Orkan geworden. In gleißendem Sonnenschein rollten die Wellengebirge auf uns zu, nahmen uns in Empfang, hoben uns auf und stürzten uns dann in abgründige Tiefen. Unsere gute Seekuh nahm das alles sehr gut und ließ uns niemals unten. Doch alles, was nicht sicher festgemacht war, brach in Trümmer. Da war keine Tasse und keine Schüssel übriggeblieben. Für den Rest der Reise waren wir auf Konservendosen und leere Kanister angewiesen, in denen unsere Mahlzeiten aufgetragen wurden. Auf der Brücke glichen die Dinge einer Badewanne. Der Aus-

* Während dieses Zeitabschnitts wurde das 25. TBR-Geschwader in Port Elisabeth bei seinen Patrouillen von Flugzeugen der 41., 42., 44. und 61. Luftwaffenschule unterstützt. Obgleich am 13. oder 14. Oktober kein U-Boot gesichtet worden war, wurde die Aufklärung fortgesetzt.

** Die „brüllenden Vierziger“, das immer stürmische Seegebiet zwischen dem 40. und 50. Breitengrad.

guck war an der Reling festgebunden und stand oft bis zum Hals unter Wasser. Sturzbäche von kaltem Wasser strömten durch das Turmluk beim Öffnen. Die Bilgepumpen waren dauernd in regem Betrieb. Die Männer im Boot vollführten wirklich teilweise akrobatische Kunststücke, um sich auf den Beinen zu halten und ihre verschiedenen Pflichten zu erfüllen. Nicht einmal die Schlafkojen boten einen Platz zum Zurückziehen. Der Luftzustrom für die Diesel brachte mehr Wasser als Luft herein. Immer wenn das Turmluk von den riesigen Seen zugedrückt wurde, saugten die Diesel die Luft aus dem Bootsinnern an, so daß den Männern fast die Trommelfelle platzten."

Mit kurzen Unterbrechungen hielt dieses Wetter bis zum Wochenende an.

Kapitänleutnant Wittes U 159 und Korvettenkapitän Poske mit U 504 sahen sich ähnlichen Bedingungen gegenüber und fanden, daß das Seegebiet von Kap Agulhas für U-Boote einzigartig schwierig sei.

Korvettenkapitän Emmermann blieb mit U 172 im Westen der Tafelbucht gleichfalls erfolglos. Am 14. Oktober um 10.11 Uhr schoß er zwei Torpedos auf ein Schiff auf ungefähr 35°40'S/14°10'E. Aber beide Torpedos gingen vorbei, und er mußte die Jagd wegen der starken Luftsicherung aufgeben.*

Auch Kapitänleutnant Emmermann errang keinen Erfolg, als er Südost-Kurs lief, „um auf dem Schiffahrtsweg R 5 südwestlich und südlich von Kap Agulhas mit U 172 zu operieren."

* Das Boot wurde auch von der „Ventura" Captain Grays umflogen, offenbar aber sowenig entdeckt wie die Laufbahnen der Torpedos.

Korvettenkapitän Poske war der erste, der den Bann der scheinbaren Aussichtslosigkeit brach. Bisher war U 504 das am wenigsten erfolgreiche Boot der Gruppe „Eisbär“ gewesen, aber es sollte nun mehrere Schiffe versenken.

Sein Kommandant steuerte mit dem Boot zum Indischen Ozean, und er war der erste, der in diesem Seegebiet von sich reden machen sollte.

Feindfahrt von U 504 im Indischen Ozean

Im Morgengrauen des 17. Oktober 1942 stand U 504 südlich von Kap Agulhas auf der Position 38°12′S/20°04′E, als Korvettenkapitän Poske auf eine Entfernung von 15 sm einen Schatten sichtete. Er ließ tauchen, und um 7.08 Uhr war das Schiff bei einem Rundblick durch das Sehrohr deutlich erkennbar, als er den Kurs änderte, um mit dem Boot in eine gute Angriffsposition zu kommen. Um 7.15 Uhr schoß er zwei Torpedos aus Rohr I und III und beobachtete je einen Treffer vorn und achtern.

Das gegnerische Fahrzeug stoppte, zeigte aber keine ernste Wirkung. Es lag lediglich mit dem Bug etwas tiefer.

U 504 hatte an diesem Morgen den britischen Frachter EMPIRE CHAUCER (5970 BRT) torpediert. Poske stellte fest, daß auch dieser Frachter schwer bewaffnet war. Geschütze auf Bug und Heck sowie leichte Waffen auf den Aufbauten waren gut zu erkennen.

Als das Schiff nicht sank, ließ Poske um 1.28 Uhr einen weiteren Torpedo losmachen. Dieser ging fehl, und der Kommandant machte die „sehr schwere Dünung“ dafür verantwortlich, daß der Torpedo unter dem Schiff hindurchschlüpfte. Im Kriegstagebuch war danach zu lesen:

„Fahrzeug liegt in unveränderter Lage, vier Rettungsboote werden gefiert. Ein weiterer Torpedo, Entfernung aus 400 m, Rohr IV. Treffer mittschiffs. Schiff sinkt nach dem Torpedotreffer sofort. Während des Sinkens springen 12 Mann der Besatzung über Bord, einige von ihnen Geschützbedienungen. Auftauchen. Steuere ein Rettungsboot, vollbesetzt mit Menschen, an. Name des Schiffes: EMPIRE CHAUCER. Die Männer im Boot alle Europäer, jung, in Uniform. Das und die schwere Bewaffnung des Frachtschiffes könnten den Schluß zulassen, daß das Schiff ein Hilfskreuzer war. Während die EMPIRE CHAUCER in den Morgenstunden des 17. Oktober 1942 um 06.15 Uhr auf der Position 40°20'S/18°30'E sank, schwamm eine große Zahl augenscheinlich leerer Sperrholzkisten auf."*

Von der EMPIRE CHAUCER wurde in Kapstadt kein SSSS-Funkspruch aufgenommen, jedoch zeigte am 18. Oktober 1942 die Funkpeilung die Anwesenheit eines Unterseebootes auf Position 36°20'S/18°20'E an. Die Zerstörer NIZAM und FOXHOUND erhielten den Befehl, das Seegebiet abzusuchen. Das 25. TBR-Geschwader in Port Elisabeth wurde um Unterstützung gebeten, und im Kriegstagebuch vom 19. Oktober 1942 wurde notiert:

„Eine ganze neue Lage entwickelt sich infolge frischer Nachrichten über Unterseeboote. Eine ‚Ventura' wurde um 06.00 Uhr auf U-Boot-Abwehrstreife entsandt und eine zweite um 09.00 Uhr. Ein dritter Flug wurde am

* Am 31. Oktober 1942 landete ein Rettungsboot mit 15 Überlebenden des Frachtschiffes EMPIRE CHAUCER in der Nähe von Kap Infanta. Ein zweites mit 15 Überlebenden wurde von dem britischen Turbinenschiff NEBRASKA (8621 BRT) aufgenommen, das diese am 8. November 1942 in Saldanha an Land brachte. Ein drittes Boot wurde ebenfalls geborgen.

Mittag des 19. Oktober 1942 begonnen, die ‚Ventura‘ kehrte aber nach etwa einer halben Stunde mit Motorschaden zurück. Eine andere ‚Ventura‘ startete darauf unverzüglich und erwies sich ebenfalls als fehlerhaft. Die nächste startete, aber die Maschine bekam nach 15 Minuten in der Luft Motorschaden und mußte umkehren. Das erschöpfte den Vorrat von ‚Venturas‘ beim 25. TBR-Geschwader, und man bekannte sich als selbst geschlagen. Es war auch insofern ein besonders schlechter Tag gewesen, weil man hörte, daß man beinahe eine Gelegenheit hatte, ein Unterseeboot anzugreifen und evtl. zu versenken.

Am Morgen des 19. Oktober 1942 erhielten die br. Zerstörer EXPRESS (1375 t) und CATTERICK (904 t), die sich auf dem Marsch von Durban nach Simonstown befanden, den Befehl zur Suche nach einem Unterseeboot, das durch Funkpeilung auf Position 36°00′S/24°00′E angezeigt war.

Poskes U 504 war das einzige Boot der Gruppe „Eisbär“ in diesem Seegebiet, aber in seinem Kriegstagebuch schreibt er: „An diesem Tag keine Sichtung von Schiffen oder Flugzeugen.“ Im übrigen hatte Poske in seinem Kriegstagebuch auch für die nächsten drei Tage nichts von Wichtigkeit zu vermerken. Er marschierte mit seinem Boot ständig von Nordosten her mit der Absicht, mit U 504 einen Abstand von 100 sm von der Küste zu halten, bis der Vollmond vorbei sein würde.

Am 23. Oktober 1942 lag U 504 südostwärts von East London. Nach Einbruch der Dunkelheit wurde auf der Brücke ein Schatten gesichtet, und Poske ließ sofort die

Verfolgung aufnehmen. Als beide Dieselkupplungen rutschten, mußte er die Fahrt stoppen, um zu reparieren. Um 21.11 Uhr wurde die Verfolgung des gesichteten Schiffes – mit 16 kn über Wasser laufend – wieder aufgenommen. Poskes Gegner war „ein normaler Frachter mit Ölfeuerung“. Das Mondlicht war so hell, daß der Kommandant zum Angriff tauchen ließ.

Zwölf Minuten nach Mitternacht schoß er zwei Torpedos, von denen einer mittschiffs traf, worauf eine Kesselexplosion erfolgte. Lichter erschienen an Deck, und Boote wurden gefiert, aber das Schiff sank nicht. Um 0.38 Uhr des 24. Oktober 1942 wurde ein weiterer Torpedo abgefeuert, der dreimal aus dem Wasser sprang, bevor er das Schiff vorn traf. Im KTB wurden diese Ereignisse wie folgt geschildert:

„Rettungsboote angesteuert... Es ist das britische Turbinenschiff CITY OF JOHANNESBURG (5669 BRT ex MELFORD HALL), bestimmt nach Kapstadt. Ladung: Baumwolle, Jute, Tee. Sie sagen, sie kämen von Melbourne. Unwahrscheinlich in Anbetracht der Ladung. Sie versichern, daß die Funkanlage nicht benutzt wurde, was sehr wahrscheinlich ist, weil der erste Torpedotreffer unmittelbar unter dem Funkraum saß. Plötzlich brach die CITY OF JOHANNESBURG mittschiffs in zwei Teile, Bug und Heck richteten sich auf und sanken im Indischen Ozean auf der Position 33°20′S/29°30′E.“

Am 24. Oktober, 19.05 Uhr, empfing der Oberbefehlshaber Südatlantik von dem britischen Dampfer FORT GEORGE (7100 BRT) einen Funkspruch mit der Angabe, daß er 45 Überlebende von der CITY OF JOHANNESBURG auf der Position 33°24'S/28°31'E aus den Rettungsbooten übernommen habe und nach Port Elisabeth marschiere. Drei „Venturas" und zwei „Ansons"* des 25. TBR-Geschwaders sowie zwei „Ansons" der 41. Luftwaffenschule starteten am 25. Oktober 1942, um nach Rettungsbooten Ausschau zu halten und das Unterseeboot zu suchen. Das Wetter war ungünstig, mit starkem Wind und rauher See, und nichts außer Wrackteilen des gesunkenen Schiffes wurde gesehen.**

Nach der Versenkung der CITY OF JOHANNESBURG kreuzte Poskes Boot auf den Ansteuerungswegen nach East London. Am Morgen des 26. Oktober mußte er mit U 504 vor einem einmotorigen Landflugzeug auf Tiefe gehen. Um 16.15 Uhr dieses Tages sichtete er die Mastspitzen eines Schiffes und schloß sofort zum Angriff heran. Um 18.34 Uhr wurde getaucht.

„Tiefenruder sind heute sehr schwierig zu bedienen, weil die schwere und unregelmäßige See das Boot aus dem Wasser zu werfen sucht", lautete der nächste Eintrag im KTB.

Die Verfolgung erwies sich als lang und schwierig, und es war bereits 19.38 Uhr, als Poske zwei Torpedos schoß, die beide fehlgingen. Um 19.43 Uhr ließ er einen Fächer

* Avro „Anson", zweimotoriges Aufklärungsflugzeug, 2–4 Mann Besatzung, Bewaffnung: 2.×-7,6-mm-MG.

** Die beiden übrigen Rettungsboote der CITY OF JOHANNESBURG wurden von passierenden Schiffen aufgenommen. Zwei Tage zuvor hatte ein Schulflugzeug der 43. Luftwaffenschule gemeldet, daß es ein Unterseeboot 2 sm seewärts zwischen Kowie und dem Großen Fischfluß gesehen habe. Weitere Aufklärungen stellten einen großen Wal in diesem Seegebiet fest.

von vier Torpedos aus Rohr I bis IV auf eine Entfernung von etwa 1000 m losmachen. Zwei Treffer wurden beobachtet – mit „lauten Explosionen, wahrscheinlich ging ein Ölbunker hoch“.

Korvettenkapitän Poske glaubte, daß der Verfolgte „ein großes Passagierschiff war mit rundem Steven und drei Masten“.

Um 20.00 Uhr ereignete sich auf dem Schiff eine weitere heftige Explosion, aber es blieb schwimmfähig. Um 20.28 Uhr schoß er einen weiteren Torpedo auf eine Entfernung von 360 m. Poske meinte, daß sein Opfer etwa 12 000 BRT messe, aber es war das amerikanische Liberty-Schiff ANNE HUTCHINSON (6800 BRT). –

Zwei Tage zuvor, als es sich auf der Position 26°15′S/34°48′E befand, glaubte der III. Offizier des Schiffes, er hätte ein Unterseeboot gesehen, und der Kapitän ließ über Funk eine entsprechende Meldung durchgeben. *

Als am Abend des 26. Oktober der deutsche Angriff anlief, war die Mannschaft bereits auf Kriegswachstation, denn in der Abenddämmerung war die ANNE HUTCHINSON stets mit einer Höchstzahl von Ausguckposten besetzt. Die Laufbahnen des von U 504 abgefeuerten Torpedofächers wurden gesehen – und für die Spuren von Tümmlern gehalten. –

Nachdem die Besatzung das Schiff verlassen hatte, tauchte Poske mit seinem Boot auf und schloß an die Rettungsboote auf geringe Entfernung heran, aber niemand erschien auf dem Turm von U 504. Der Komman-

* In diesem Seegebiet war zu dieser Zeit kein U-Boot. Die ANNE HUTCHINSON befand sich auf dem Marsch von Ägypten nach Surinam.

dant wollte das Seegebiet verlassen, weil er Scheinwerfer in drei Richtungen gesehen hatte und somit annehmen mußte, daß feindliche Sicherungskräfte in der Nähe waren.

Drei Rettungsboote wurden in der Nacht zum 27. Oktober von einem Fischereifahrzeug aus Port Alfred geborgen. Das letzte war von dem US-Turbinenschiff STEEL MARINER (5687 BRT) aufgenommen worden. Von diesem Schiff kam am 27. Oktober die Meldung, daß es zehn Überlebende von der ANNE HUTCHINSON, die wahrscheinlich immer noch schwamm, gerettet habe. –

Das Ende des Schiffes war aber nicht mehr fern. Als Poske sich mit seinem Boot von der ANNE HUTCHINSON am 26. Oktober um 20.40 Uhr endgültig entfernte, schrieb er in das Kriegstagebuch:

„Niemand kann dieses Schiff retten. Plötzlich stieg an der Stelle, wo es war, eine schwarze Rauchwolke hoch. Das Schiff war danach verschwunden." –

Allerdings noch nicht völlig. Das Turbinenschiff war zunächst in zwei Hälften zerbrochen. Am 27. Oktober 1942 um 11.20 Uhr meldete der Marineverbindungsoffizier in East London an den Oberbefehlshaber Südatlantik, daß das britische Frachtschiff CITY OF KIMBERLEY (6169 BRT) mit einem Schlepper und zwei Minensuchbooten auf der Position 33°16′S/28°05′E bei den Bruchstücken stehe. Zwei südafrikanische Minensuchboote – AFRICANA (710 t) und DAVID HAIGH (710 t) – versuchten das Schiff zu bergen. Das Achterschiff der ANNE HUTCHINSON sank am 28. Oktober 1942 auf der Position 33°10′S/28°30′E, aber das Vorschiff wurde von den südafrikanischen Minensuchbooten AFRICANA und DAVID HAIGH am 1. November 1942 nach Port Elisabeth abgeschleppt. Flugzeuge des 25. TBR-Geschwaders und der 42. und 44. Luftwaffenschule gaben während dieser sehr schwierigen Unternehmung den Minensuchbooten Luftsicherung. –

Nach dem Absetzen von der ANNE HUTCHINSON verließ Poskes Boot das Seegebiet von East London und lief Nordostkurs, um vor den östlichen Ansteuerungen nach Durban zu kreuzen.

In der Morgendämmerung des 29. Oktober 1942 sichtete man auf U 504 einen Tanker, und Poske verfolgte diesen während des Morgens mit 16 kn Fahrt. Um 13.12 Uhr sah er zwei Zerstörer, die sich mit hoher Geschwindigkeit näherten, und befahl sofort: „Alarmtauchen". *

Es erfolgte kein Angriff, und nachdem die Schraubengeräusche nicht mehr zu hören waren, ließ Poske U 504 um 14.41 Uhr auftauchen, um die Verfolgung des Tankers in einer ziemlich rauhen See fortzusetzen. Das Schiff wurde nicht wieder gesehen, und Poske brach um 18.25 Uhr die Verfolgung ab.

Kurz vor Tagesanbruch des 31. Oktober 1942 wurden dem Korvettenkapitän Mastspitzen in Richtung 200° gemeldet, und er schloß mit 12 kn heran. Danach tauchte er mit U 504 um 8.48 Uhr und schoß um 10.03 Uhr auf eine Entfernung von 550 m zwei Torpedos. Beide trafen, aber obwohl das Schiff „sich ein bißchen tiefer setzte", zeigte

* Im Kriegstagebuch der Station Südatlantik wird von diesem Zwischenfall nichts berichtet. Vermutlich wurde das Unterseeboot von den Zerstörern nicht gesehen.

es keine Anzeichen zum Sinken. Poske bemerkte, daß nach einiger Zeit die Rettungsboote gefiert wurden. Um 10.11 Uhr gab er den Befehl zu einem Torpedofangschuß aus Rohr III, der den Gegner zum Sinken bringen sollte. Der Torpedo sprang jedoch aus dem Wasser und ging in einem weiten Bogen vorbei. Um 10.13 Uhr traf ein vierter Torpedo mittschiffs und verursachte eine „sehr schwere Explosion". Das Schiff verschwand danach über das Heck in der See. Nach dem Sinken ereigneten sich drei oder vier heftige Detonationen, die das U-Boot merkbar erschütterten.

Korvettenkapitän Poske hatte den britischen Dampfer EMPIRE GUIDON (7041 BRT) auf der Position 30°10'S/35°55'E versenkt und wiederum bemerkt, daß das Schiff „stark bewaffnet" war. * –

Offenbar hatte der versenkte britische Dampfer am 31. Oktober 1942 keinen SSSS-Funkspruch in den Äther gejagt. Die Versenkung blieb in Durban nämlich bis zum 1. November 1942, 7.10 Uhr, unbekannt. Erst dann wurde eine Funkmeldung von den Rettungsbooten der EMPIRE GUIDON aufgefangen. Der Funkspruch berichtete vom Untergang des Schiffes und gab die Position der Rettungsboote danach an: etwa 100 sm entfernt. Rettungsmaßnahmen wurden sofort angeordnet. Die Überlebenden wurden von dem britischen Dampfer CALN ALPINE (5442 BRT) übernommen. –

Um 13.00 Uhr sichtete Korvettenkapitän Poske die

* Nach der Versenkung befragte Poske die Besatzung in den Rettungsbooten und bekam dabei den Eindruck, ihr Schiff wäre die EMPIRE GUIGER (7800 BRT) gewesen, bestimmt von Durban nach Ägypten. Diese befand sich aber nicht in diesem Seegebiet, sondern war in Wirklichkeit auf dem Weg von New York nach Alexandria.

Mastspitzen eines weiteren Schiffes und lief mit seinem Boot darauf zu. Um 16.40 Uhr tauchte er mit U 504 zum Angriff und schoß 40 Minuten später zwei Torpedos aus rd. 900 Meter Entfernung. Beide trafen, und im Kriegstagebuch wurde vermerkt:

„Nach wenigen Sekunden kenterte das Schiff und sank am 31. Oktober 1942 auf der Position 29°00'S/41°00'E. In einem Rettungsboot waren etwa 25 Mann. Das Schiff war der Dampfer REYNOLDS (5118 BRT) auf der Reise von Durban nach Indien mit allgemeiner Ladung."

Korvettenkapitän Poske hatte danach nur noch zwei Torpedos an Bord. Aus diesem Grund wurde die Versenkung der REYNOLDS zum Wendepunkt seiner langen Reise. Er ging mit U 504 sofort auf Kurs Heimat.*

Um Mitternacht zum 8. November stand sein Boot 300 Seemeilen südwestlich von Kap Point, als er zwei Explosionen, gefolgt von einem Feuerstoß, bemerkte. Seine Vermutung war zutreffend, denn in diesem Seegebiet war von Wittes U 159 ein Munitionsschiff torpediert worden.

Nach 115 Seetagen lief Poske mit seinem Boot am 11. Dezember 1942 wieder in Lorient ein, dem Stützpunkt der 2. U-Boot-Flottille (2. U-Fl.).

* Das Schicksal des Dampfers REYNOLDS blieb bis Kriegsende unbekannt. Man hatte angenommen, daß das Schiff von einem deutschen Hilfskreuzer versenkt worden sei. Das einzige Rettungsboot mit 25 Überlebenden wurde niemals gefunden.

U 68, U 159 und U 172 im Seegebiet des Kaps

Während Korvettenkapitän Poske mit U 504 im Indischen Ozean erfolgreich operierte, hatten die drei Kommandanten, die mit U 68, U 159 und U 172 im Süden und Westen des Kaps ihre Suchstreifen fuhren, weniger Fortüne.

Am 18. Oktober 1942 meldete Kapitänleutnant Witte dem Befehlshaber der U-Boote, daß er seit dem 13. Oktober 1942 kein Schiff mehr gesichtet habe.

Witte lief dann mit seinem Boot nach Norden und bezog vor der westlichen Ansteuerung nach Kapstadt eine Warteposition. Die Ruhe der Männer an Bord wurde durch die qualvolle Krankheit beeinträchtigt, von der ein Besatzungsangehöriger heimgesucht worden war.

Witte bat den Befehlshaber der U-Boote, die Abgabe dieses Mannes an ein Boot mit Sanitätsoffizier zu arrangieren. Das Ersuchen wurde am Nachmittag des 19. Oktober 1942 in einem Funkspruch bestätigt, und U 178 unter Kapitän z. S. Ibbeken, das sich dem Kap von Nordwesten näherte, erhielt den Befehl, das Treffen vorzubereiten.

Als Witte mit seinem Boot den vereinbarten Übergabepunkt auf der Position 33°29′S/09°35′E am Nachmittag des 22. Oktober erreichte, war von U 178 nichts zu sehen. In der Folgezeit mußten zahlreiche Funkpeilzeichen gewechselt werden, damit sich die beiden Unterseeboote trafen. Das geschah dann am Abend des 23. Oktober. In

Übereinstimmung mit den Befehlen des BdU übergab Witte seinen kranken Bordangehörigen an U 178, das einen Sanitätsoffizier an Bord hatte. Kapitän z. S. Ibbeken hatte übrigens den Auftrag, vor Lourenco Marques und auf den Ansteuerungen zum Moçambique-Kanal zu operieren.*

In der Annahme, daß die alliierte Schiffahrt das Kap in großem Abstand von der Küste umrunden würde, entschloß sich Witte, in das Seegebiet zu steuern, wo die britischen Schiffe EMPIRE NOMAD und EMPIRE CHAUCER versenkt worden waren.

Am 26. Oktober überquerte er mit seinem Boot den 38. Breitengrad und empfing am Nachmittag einen allgemeinen Funkspruch des Befehlshabers der U-Boote an die „U-Boot-Gruppe ‚Eisbär'", der lautete:

„Wie aus den Lagemeldungen hervorgeht, haben die Boote vergleichsweise weit fort vom ‚Schwerpunkt' (d. h. von den Kap-Ansteuerungen) operiert. Näher herangehen mit abnehmendem Mond. Schiffsverkehr wird wieder aufkommen."

Witte glaubte nicht so recht an diese Prognose und schrieb in sein Kriegstagebuch:

„Schiffsverkehr ist gestoppt oder umgeleitet worden, das Wetter ist höllisch. Stürme, verminderte Sicht und der Mond machen ein näheres Heranschließen an den Schwerpunkt fast unmöglich. Das ist die gegenwärtige Lage."

* Zu dieser Zeit steuerten drei Unterseeboote – U 177 (K.Kpt. Gysae), U 178 (Kpt. z. S. Ibbeken) und U 181 (K.Kpt. Wolfgang Lüth) das Seegebiet beim Kap mit dem Auftrag an, vor der Südostküste von Afrika im Indischen Ozean zu operieren.

Korvettenkapitän Merten war mit U 68 während dieses Zeitabschnittes ebenso erfolglos geblieben. Am 19. Oktober 1942, als sich sein Boot etwa auf der Position 36°25′S/13°14′E befand, sichtete er den amerikanischen Dampfer STEPHAN A. DOUGLAS und schoß um 12.12 Uhr zwei Torpedos. Beide gingen fehl.

In der schweren Dünung wurde das Sehrohr entdeckt, und der Amerikaner eröffnete das Feuer mit zwei Geschützen.

Merten entschloß sich zum Auftauchen und dem Schiff in sicherem Abstand zu folgen. Er wollte es bei Nacht angreifen, weil bei Tag und der schweren Dünung die Aussicht auf einen erfolgreichen Angriff sehr gering war.

Währenddessen hatte der Funker von U 68 bemerkt, daß das Schiff SSSS-Sprüche zu senden begann, und diese Meldungen wurde in Kapstadt auch empfangen.

Der Oberbefehlshaber Südatlantik beauftragte daraufhin die Zerstörer NIZAM und FOXHOUND, den amerikanischen Dampfer STEPHAN A. DOUGLAS aufzunehmen und diesen nach Kapstadt zu geleiten. Korvettenkapitän Merten gab die Verfolgung mit U 68 auf, nachdem er in „großer Höhe“ ein Flugzeug gesichtet hatte.*

Am Abend des 19. Oktober erhielten die Kommandanten der „U-Boot-Gruppe ‚Eisbär‘“ geheime Infor-

* Merten beschrieb die Maschine als ein „viermotoriges Landflugzeug“, doch waren zu der Zeit keine „Venturas“ des 23. TBR-Geschwaders in diesem Gebiet. Die erste „Catalina“ des 209. Geschwaders kam von Ostafrika am 19. Oktober 1942 in Langebaan an.

Das Kriegstagebuch der Station Südatlantik erwähnt, daß die Wartung des Flugzeuges einige Tage dauerte, bevor es Operationen unternehmen konnte.

mationen über den Trinidad-Kapstadt Schiffahrtsweg, und Merten beschloß daraufhin, mit U 68 sofort diesen Schiffahrtsweg anzusteuern, da dort keine feindliche Luftaufklärung zu erwarten war.

Am 20. Oktober 1942 erweiterte der Befehlshaber der U-Boote das Operationsgebiet für die Kommandanten der „Eisbär"-Gruppe bis zur Linie Lourenco Marques – Südspitze von Madagaskar. Korvettenkapitän Merten schrieb dazu in sein Kriegstagebuch:

„Wenn die Erweiterung des Operationsgebietes für die Boote der Gruppe „Eisbär" früher gekommen wäre, so wäre es sicher ratsam gewesen, die Operation östlich von Agulhas fortzusetzen. Aber wieder nach Osten zu laufen, ist wegen des Treibstoffbestandes nicht mehr annehmbar. Ich erhoffe alles von der Operation auf dem Weg Ysop (Kapstadt–Trinidad)."

Seine Hoffnung wurde enttäuscht. Stetig nach Norden steuernd, überquerte er mit U 68 am 23. Oktober 1942 den 30. Breitengrad. Bis zum 25. Oktober suchte er immer noch vergeblich. Und schließlich kam er zu der Feststellung:

„Hier ist weiter kein Schiffsverkehr."

Also drehte Merten wieder um, um mit seinem Boot auf den südwestlichen Ansteuerungen nach Kapstadt nach potentiellen Opfern zu suchen. Aber auch dort war die See wie leergefegt...

Am 29. Oktober, als U 68 auf 37°S und 12°E stand, begann Merten „die Rückreise wegen der Schiffsverkehrs- und Wetterlage einzuleiten". –

Währenddessen kreuzte Kapitänleutnant Emmermann mit U 172 vor der Küste des nordwestlichen Kaps.

In der Nacht des 24. Oktober 1942 stand er mit seinem Boot zwei Seemeilen vor Port Nolloth und mußte erkennen, daß Reede und Bucht leer waren.

KTB-Eintrag vom 26. Oktober 1942:

„Absicht: Auf dem Heimweg gegen den Schiffsverkehr zu operieren, der das Kap vermutlich weit ab von der Küste rundet. Ich werde mit U 172 zur Westgrenze des Operationsgebietes marschieren und von dort nach Norden. Der Mond macht Operationen in Küstennähe unmöglich."

Es war Kapitänleutnant Witte mit U 159 und Korvettenkapitän Poske mit U 504 vorbehalten, die letzten Schläge im Operationsgebiet der U-Boot-Gruppe „Eisbär" auszuteilen. Dönitz hatte ihnen eine Treibstoffergänzung auf dem Rückweg zugesagt und gedrängt: „Tut euer Bestes!"

In der Morgendämmerung des 29. Oktober 1942 stand U 159 etwa 270 Seemeilen südlich von Kap Agulhas und wühlte sich durch schwere See, als die Brückenwache auf eine Entfernung von 13 sm Mastspitzen sichtete. Witte schien aber trotzdem die Hoffnung auf weitere Erfolge verloren zu haben. Das verdeutlicht ein KTB-Vermerk von diesem Tag, in dem es heißt:

„Meine Vermutung, daß der Schiffsverkehr nach Kapstadt weit im Süden verläuft, ist nach all den Beobachtungen in den letzten Tagen berechtigt."

Eine lange und schwierige Jagd begann. Um 10.25 Uhr sichteten Wittes Ausgucks ein zweites Schiff. Ihr Kommandant hoffte, dieses nach der Versenkung des vorangegangenen ebenfalls vernichtend zu treffen. Er ließ um

12.33 Uhr tauchen. Der Anlauf wurde mit hoher Fahrt gefahren, weil der Seegang die Bedienung des Tiefenruders fast unmöglich machte.

Um 13.27 Uhr traf ein einzelner Torpedo auf 700 m das Ziel mittschiffs. Einige Männer der Besatzung gingen in die Rettungsboote, aber das Schiff blieb auf ebenem Kiel schwimmen.

Ein zweiter Torpedotreffer um 13.42 Uhr bewirkte, daß der Frachter in Höhe der Brücke in zwei Hälften zerbrach. Nur das Achterschiff ragte noch aus dem Wasser, das Heckgeschütz war noch besetzt.

Kapitänleutnant Witte entschloß sich nun, einen dritten Torpedo als Fangschuß loszumachen, weil er unbedingt die Verfolgung des zweiten gesichteten Schiffes aufnehmen wollte. Kurz darauf sprang der abgefeuerte Torpedo aus der Dünung heraus und traf das Achterschiff, in das er ein großes Loch sprengte, direkt auf der Höhe der Wasserlinie. Zehn Minuten später sank auch das Achterschiff des torpedierten Frachters.

U 172 durchbrach die Wasseroberfläche, und Witte erfuhr von der Besatzung in den Rettungsbooten, daß er das britische Motorschiff ROSS (4978 BRT), das mit einer Erzladung von Port Elisabeth nach Trinidad unterwegs war, während dieser Mittagsstunden des 29. Oktober 1942 auf der Position 38°52′S/21°40′E versenkt hatte.

Um 13.44 Uhr setzte sich Witte auf die Fährte des zweiten Schiffes, dessen Rauch noch sichtbar war. Um 17.45 Uhr erschien noch eine weitere Rauchwolke über der Kimm, und Witte sagte:

„Das entschädigt für die letzten Wochen. Ich bleibe aber der ersten Rauchwolke treu. Einer muß warten.“

Es war schon 22.18 Uhr, als das Boot schußklar war und ein Torpedo in die See zischte. Er traf das Vorschiff.

Nach dem Einschlag begann der Frachter zu funken. Es handelte sich um den britischen Dampfer LAPLACE (7327 BRT), der von Liverpool stammte. Das Schiff lag vorn jetzt etwas tiefer, sank aber nicht.

Sieben Minuten später ließ Witte auf sehr nahe Entfernung einen zweiten Torpedo losmachen. Nach erfolgter Detonation sank die LAPLACE auf der Position 40°35′S/21°35′E langsam über den Bug in die Tiefe des Südatlantiks. Anschließend eingetragene KTB-Notiz:

„Mit dieser Schiffsversenkung wachsen Wind und See wieder auf Orkanstärke."

Witte entschloß sich, mit U 159 zu dem Punkt zurückzukehren, wo er das gesunkene Motorschiff gesichtet hatte, um dann auf Ost-West-Kurs in diesem Seegebiet zu kreuzen.

Diese Operationen von U 159 zogen auch die Aufmerksamkeit des Vereinigten Hauptquartiers in Kapstadt auf sich. In der Nacht zum 29. Oktober 1942 hatte Witte einen Befehl des BdU erhalten, einen kurzen Lagebericht zu geben, der dann vom Gegner offenbar eingepeilt worden war.

Das Hauptquartier in Kapstadt wollte das deutsche U-Boot zu dieser Zeit auf der Position 40°30′S/19°00′E geortet haben. Wittes U 159 befand sich aber auf etwa 38°40′S/21°50′E.

Am 29. Oktober 1942, 10.00 Uhr, erhielten die britischen Zerstörer NEPAL (1690 t) und FORTUNE (1350 t), die gerade in Kapstadt lagen, den Befehl, Dampf aufzumachen und mit mittlerer Fahrt nach Position 40°30′S/19°00′E zu marschieren. Um 11.12 Uhr startete eine „Catalina“, um Suchquadrate im gleichen Seegebiet zu fliegen.

Die „Venturas“ des 23. TBR-Geschwaders wurden nicht zur Zusammenarbeit angefordert und patrouillierten auf den Ansteuerungswegen nach Kapstadt. Um 14.45 Uhr warf eine „Ventura“ unter Captain Joubert auf der Position 34°02′S/18°13′E vier Wasserbomben auf einen Ölfleck. Am gleichen Tag lud eine „Anson“ der 45. Luftwaffenschule eine Bombe auf ein „schwarzes Objekt“ auf Position 35°17′S/21°53′E ab. Ergebnisse wurden nicht beobachtet, und im Kriegstagebuch der Station Südatlantik wurde festgehalten:

„Wahrscheinlich war das Objekt ein Wal.“

Um 22.35 Uhr wurde in Kapstadt eine SSSS-Meldung von dem britischen Dampfer LAPLACE aufgefangen, und die Zerstörer NEPAL und FORTUNE bekamen den Befehl, zur Versenkungsstelle zu gehen. Die „Catalina“ wurde „durch ein Notsignal unterrichtet, das aber von dem Flugzeug nicht entschlüsselt wurde, weil es nicht die laufende Schlüsselkarte mit sich führte.“

Um 01.37 Uhr des 30. Oktober 1942 „zeigten Funkpeilungen ein feindliches Unterseeboot auf Position 38°30′S/21°00′E an“, und die „Catalina“ erhielt Befehl, dieses Seegebiet abzusuchen. –

Am 30. und 31. Oktober 1942 fand Kapitänleutnant Witte keine weiteren Opfer, und sein Boot wurde auch nicht von Kriegsschiffen oder Flugzeugen gesehen.

Er verdankte diesen glückhaften Umstand vermutlich dem Wetter, weil der Oberbefehlshaber Südatlantik am

Abend des 29. Oktober 1942 nämlich bereits wußte, daß die britischen Frachtschiffe ROSS und LAPLACE versenkt worden waren und er genaue Informationen über die Versenkungsorte erhalten hatte.

Ein schwaches SOS von den Rettungsbooten des Frachters LAPLACE auf Position 38°19′S/21°20′E wurde am 2. November 1942 in Kapstadt aufgefangen. Die Korvetten ROCK ROSE und THYME sowie „Venturas“ des 23. TBR-Geschwaders wurden zur Suche nach den Rettungsbooten entsandt.

Am 3. November wurden 40 Überlebende des Dampfers ROSS von der Korvette ROCK ROSE übernommen, und am 15. konnten 15 Überlebende in Rettungsbooten von einem Sicherungsfahrzeug der südafrikanischen Luftwaffe geborgen werden. Andere wurden von dem britischen Dampfer PORTO ALEGRO (5187 BRT) aus den Rettungsbooten übernommen, der einige Zeit später von Poskes U 504 torpediert und auf der Position 35°27′S/28°02′E versenkt worden war.

Das Ende der Operationen vor Kapstadt

Am Nachmittag des 1. November 1942 steuerte Kapitänleutnant Witte mit Nordostkurs in das Seegebiet südlich von Port Elisabeth.

Um 16.25 Uhr sichtete er ein Schiff, das sich aus einer Nebelwand mit hoher Geschwindigkeit näherte. Er ließ sofort tauchen und um 17.10 Uhr zwei Torpedos schießen. Beide gingen vorbei und detonierten zu seinem Ärger am Ende der Laufstrecke. Doch niemand auf dem Schiff, einem modernen Passagier-Frachter von etwa 8000 BRT, schien den Angriff wahrgenommen zu haben. Auch das Kriegstagebuch der Station Südatlantik erwähnt ihn nicht.

Witte tauchte daraufhin mit seinem Boot auf und versuchte heranzuschließen, aber das Schiff war zu schnell. Um 18.16 Uhr gab er die Verfolgung des Passagier-Frachters auf.

Am nächsten Tag stand er mit U 159 etwa 100 sm vor der Küste, und dreimal zwangen ihn Flugzeuge, Boot und Besatzung unter Wasser in Sicherheit zu bringen.*

Am 3. November 1942 trat Witte mit seinem Boot, das nur noch zwei Torpedos an Bord hatte, die Rückrei-

* Obwohl kein Unterseeboot gesichtet wurde, waren die Flugzeuge des 25. TBR-Geschwaders am 2. November 1942 sehr aktiv. Am 3. November stürzte eine „Ventura" dieses Geschwaders in die See und sank in 40 Sekunden. Ein Flugzeugmechaniker ertrank. Vier Überlebende lagen fast eine Stunde im Wasser und wurden dann von einer Korvette aufgenommen, die ein Geleitflugzeug begleitete.

se zu dem an der französischen Atlantikküste gelegenen Stützpunkt Lorient an.

Am Abend des 4. November 1942 sichtete er eine Rauchwolke und verfolgte sie mit Höchstfahrt. Er konnte das Schiff jedoch vor Eintritt der Dunkelheit nicht abfangen.

Korvettenkapitän Poske war mit U 504 ebenfalls auf der Rückreise nach Lorient und nicht weit entfernt von U 159.

Am Morgen des 3. November 1942 mußte er zweimal vor „mehrmotorigen Landflugzeugen" alarmtauchen, sichtete jedoch am Nachmittag einen 5000-BRT-Frachter. Um 18.48 Uhr traf er ihn auf rd. 900 Meter Entfernung. Die Besatzung ging in die Rettungsboote, doch das Schiff sank nicht. Poske mußte daher seinen letzten Torpedo schießen, um den Frachter zu versenken.

Nach dem Treffer zerbrach das Schiff in zwei Teile. Das Vorschiff sank auf der Position 35°27′S/28°02′E, während das Achterschiff, mit der Schraube nach oben, noch eine Weile schwamm.

Poske fuhr mit U 504 aufgetaucht in die Nähe der Rettungsboote. Beim Befragen der Besatzungsangehörigen sagten diese, daß ihr Dampfer die PORTO ALEGRE (5187 BRT) gewesen sei, der sich mit einer Ladung Nutzholz und Zellulose auf dem Marsch von Kapstadt nach Durban befunden habe. Die PORTO ALEGRE hatte, kurz bevor sie selbst torpediert wurde, Überlebende des britischen Dampfers LAPLACE gerettet, der von U 159 versenkt worden war.

Am 4. November 1942 stellte eine „Ventura“ des 25. TBR-Geschwaders zwei Rettungsboote auf etwa 35°00′S/27°00′E fest, und der südafrikanische Minensucher AFRICANA wurde daraufhin zur Suche entsandt. Am 5. November 1942 rettete dieser ein Boot mit 28 Überlebenden der PORTO ALEGRE in der Nähe von Kap Recife. Am 7. November 1942 erregten abgemagerte und ungekämmte Seeleute Aufsehen, als sie in ein Hotel in der Nähe der Mündung des Maitland River gingen. Sie stammten von dem zweiten Rettungsboot, das mit 22 Überlebenden nahe an die Küste kam.

Korvettenkapitän Poske war nun mit U 504 ohne Torpedos. Der Befehlshaber der U-Boote bemerkte später zu der Unternehmung von U 504:

„Die Operationen in dem Seegebiet vor Kapstadt und im Indischen Ozean hätten noch bessere Ergebnisse haben können, wenn der Kommandant seine Torpedos ein klein wenig wirtschaftlicher eingesetzt hätte.“

Am 5. November 1942 mußte Poske vor einer „Catalina“ alarmtauchen. Um Mitternacht zum 8. November, als er etwa 300 sm südwestlich von Kap Point stand, bemerkte er „zwei Explosionen, gefolgt von einem starken Feuerschein. Er schloß daraus zutreffend, daß ein Munitionsschiff von U 159 torpediert worden sei.

Der Erfolg war U 159 am 7. November, 22.50 Uhr, gelungen. Zu Wittes Ärger war sein erster Torpedo ein „unerklärlicher Fehlschuß“. Es war kein Grund gegeben, auch mit dem zweiten Torpedo, der über Wasser auf 400 m geschossen wurde, das Schiff zu verfehlen. Er traf auch! In das Kriegstagebuch schrieb Witte:

„Munitionsschiff, Treffer achtern, Schiff sinkt nach einer großen Explosion, mit einer Hunderte von Metern hohen Feuersäule, im Südatlantik auf der Position 40°00′S/21°30′E.“

Nach der starken Explosion des Schiffes fielen minutenlang Splitter auf das Deck von U 159. Dabei wurden drei Mann der Brückenwache leicht verwundet. Der Kommandant erlitt neben einer Verletzung an der Hüfte noch einige andere Verletzungen, sein Erster Wachoffizier und ein Bordausguck wurden am Kopf getroffen. Die Beschädigungen des Decks von U 159 waren leicht und schnell repariert. Alles in allem hatte man auf U 159 großes Glück gehabt.

Aus Wittes Sicht sorgte dieser Zwischenfall für „ein feines Ende“ der Tätigkeit aller Boote der Gruppe „Eisbär“ im Operationsgebiet vor Kapstadt. Er schätzte die Tonnage des Schiffes auf 8500 BRT. *

Der von Kapitänleutnant Witte angegriffene Dampfer war das mit Munition beladene amerikanische Turbinenschiff LA SALLE.

Wittes Erfolge waren aber noch nicht zu Ende. Am Morgen des 13. November 1942 sichtete er einen Sechsmastenschoner auf der Position 26°45′S/00°02′W und griff diesen mit der Artillerie an. Nachdem das Vorschiff in Brand geschossen war, ging die Besatzung in die Ret-

* Zu dieser Zeit veschwanden zwei Frachter spurlos in den südafrikanischen Seegebieten, das amerikanische Turbinenschiff LA SALLE (5462 BRT ex GEORGE PETRCE) und der griechische Dampfer AEGEUS (4536 BRT ex SIMONSIDE/ex DALWORTH). Die Stärke der Explosion des von Witte versenkten Schiffes war so gewaltig, daß sie sogar auf dem Kap-Point-Leuchtturm – etwa 300 sm entfernt – noch deutlich gehört wurde.

tungsboote. Witte erfuhr, daß es sich bei dem Schiff um den amerikanischen Sechsmastenschoner STAR OF SCOTLAND (2290 BRT) handelte, der auf der Fahrt von Kapstadt nach Parangua war.

Sein Heimathafen war Los Angeles. Das Schiff war nach Kapstadt zur Überholung geschickt worden, „weil alle amerikanischen Werften wegen Überfüllung die Annahme des Reparaturauftrages ablehnten". Es war dann vier Monate in Kapstadt, weil dort die Docks ebenfalls überfüllt waren.

Der deutsche Kommandant ging an Bord des Schiffes, nahm dessen Papiere an sich und „übernahm viel wertvolles Material, wie Zigaretten, Früchte, Orangen, Orangensaft, Seife und Unterzeug".

Die STAR OF SCOTLAND wurde dann von U 159 mit der Artillerie am 13. November 1942 im Südatlantik auf der Position 26°30'S/00°20'W versenkt. Im Dezember 1942 erreichten 16 Überlebende der Besatzung in ihrem Rettungsboot die Küste von Angola.

Währenddessen fanden auch U 68 (Merten) und U 172 (Emmermann) auf der Rückreise zum Stützpunkt ihre Opfer.

In der Abenddämmerung des 31. Oktober 1942 sichtete Kapitänleutnant Emmermann auf der Position 30°10'S/02°00'W Mastspitzen und stand mit seinem Boot kurz vor Mitternacht in einer guten Schußposition. Er traf das gesichtete Schiff auf eine kurze Entfernung mit zwei Torpedos. Das Schiff fierte die Rettungsboote und sank über das Heck am 31. Oktober um 22.23 Uhr im Südatlantik auf der Position 30°20'S/02°10'W. Es war das britische Motorschiff ALDINGTON COURT (4891 BRT), bestimmt von Philadelphia über Trinidad nach Kapstadt mit einer Ladung Traktoren und Paraffin. Es hatte eine SSSS-Meldung abgegeben, die der Funker von U 172 vergeblich zu stören versuchte. Kapitänleutnant Emmermann befragte den Ersten Offizier der ALDINGTON COURT, der ihm dann über die Wegeanweisungen Auskunft erteilte.*

Am Abend des 2. November 1942 sichtete Kapitänleutnant Emmermann ein Schiff auf der Position 27°03′S/03°08′W, das er mit U 172 in den späten Abendstunden um 21.43 Uhr mit einem Torpedo angriff. Dem Torpedotreffer in den Maschinenraum folgte eine starke Explosion. Rettungsboote wurden gefiert. Der Funker blieb auf seiner Station, aber seine SSSS-Meldung wurde auf U 172 mit Erfolg gestört. Das Schiff begann erst nach mehr als einer halben Stunde auf der Position 27°03′S/02°59′W zu sinken. Es war das britische Frachtschiff LLANDILO (4966 BRT), von Philadelphia über Trinidad nach Kapstadt bestimmt, mit Kraftwagen und allgemeiner Ladung.

Nach diesen Erfolgen erhielt Emmermann vom Befehlshaber der U-Boote am 3. November einen Funkspruch, in dem ihm der Admiral den Vorschlag machte, mit seinem Boot in dem gegenwärtigen Seegebiet zu bleiben. Eine Versorgung von U 172 würde in diesem

* Zehn Überlebende der ALDINGTON COURT landeten mit ihrem Rettungsboot am 25. November 1942 in Montevideo. In Übereinstimmung mit dem Bericht des Marinenachrichtendienstes erzählten sie, „daß der Kapitän und 27 Mann der Besatzung zuletzt am 2. November 1942 in einem Rettungsboot in ostsüdöstlicher Richtung laufend gesehen“ worden seien.

Fall vorbereitet. Emmermann schrieb an diesem Tag in sein Kriegstagebuch:

„Ich glaube nicht, daß es zweckmäßig wäre, sich für einige Zeit in diesem Seegebiet aufzuhalten, weil die beiden versenkten Schiffe vom gleichen Philadelphia-Trinidad-Geleitzug stammten und abgekommen waren als langsame Vagabunden. Ich werde deshalb aufgrund erwarteter Schläge mit meinem Boot weiter nach Norden marschieren."

Es blieb auch die letzte Versenkung von Kptlt. Emmermann während der Rückfahrt zum Stützpunkt Lorient.

Als Emmermann und Merten das Seegebiet von Kapstadt ansteuerten, hatten sie vereinbart, auf der Rückreise zusammen zu operieren. Am 1. November 1942 funkte Emmermann an Mertens U 68, daß er das Treffen nicht für zweckmäßig halte.

Korvettenkapitän Merten versenkte auf der Rückreise zum Stützpunkt Lorient sein letztes Schiff kurz vor Mitternacht zum 7. November 1942. U 68 stand zu dieser Zeit im Südatlantik auf der Position 23°30′S/05°30′W. Nach Aussagen des Obersteuermanns Walter Meyer war es eine „diesige, mondhelle Nacht, die See war spiegelglatt, kein Hauch bewegte die Luft".

Der erste Torpedo wurde über Wasser auf etwa 400 m geschossen. In sein Kriegstagebuch schrieb K.Kpt. Merten folgenden Bericht:

„Treffer unter dem achteren Mast, viele Lichter an Deck, Rettungsboote werden gefiert, das Schiff sendet Funksignale. Ich antworte, indem ich den Namen von

Walfisch-Bay-Funkstation gebe, worauf es unverzüglich seinen Namen und Schiffsstandort sendet. Es fiert sehr viele Rettungsboote, sackt aber nur mühsam tiefer, deshalb schieße ich als Fangschuß aus Rohr II einen Torpedo, der das Schiff mittschiffs trifft. Es sinkt nach diesem Torpedotreffer langsam über das Heck. Es war der britische Passagierdampfer CITY OF CAIRO (8034 BRT). Ich fahre mit U 68 an die Rettungsboote heran. Die Besatzung bestätigt Namen und Reise des Schiffes, das von Kapstadt über Pernambuco mit Nutzholz, Eisen und Wolle sowie 125 Passagieren, Frauen und Kindern, auf der Fahrt nach Liverpool war. An der Untergangsstelle schwammen etwa 10 Rettungsboote und eine größere Anzahl treibender Flöße in der See."

Der Angriff auf das Passagier-Frachtschiff CITY OF CAIRO und die Leiden der Überlebenden sind von Bootsmann Angus McDonald, einem Besatzungsangehörigen, beschrieben worden.

Das Schiff gehörte der Ellermann-Reederei in Liverpool und war auf der Fahrt von Bombay nach England. Fünf Tage vor der Torpedierung war es noch in Kapstadt gelegen. Dem Bericht des Bootsmanns zufolge wurden drei Passagiere und elf Besatzungsmitglieder durch die Torpedodetonation getötet oder gingen mit dem Schiff unter. Seine weitere Schilderung der tragischen Ereignisse:

„Ich war der Bootsmann und hatte die Verantwortung für das Rettungsboot Nr. 4. Nachdem ich gesehen hatte, daß dort alles in Ordnung und das Rettungsboot gefiert war, ging ich hinüber zur Steuerbordseite des Schiffes, wo mein Kamerad, Bootsmann Bob Ironside, Schwierig-

Korvettenkapitän Hartenstein, Kommandant von U 156

Kapitänleutnant Witte, Kommandant von U 159

Kapitänleutnant Emmermann, Kommandant von U 172

Korvettenkapitän Poske, Kommandant von U 504

keiten beim Fieren seines Rettungsbootes hatte. Ich kletterte in das Rettungsboot hinein, um ein Tau zu klarieren. Ich stand in dem Rettungsboot, um dieses von der Bordwand freizudrücken, als es gefiert wurde. Da explodierte ein zweiter Torpedo genau darunter, und das Rettungsboot ging in Stücke. Ich erinnere mich an einen großen Blitz, und dann fühlte ich mich selbst durch die Luft fliegen und merkte, wie es herunter und immer weiter herunter ging. Als ich wieder zu mir kam, schwamm ich im Wasser und konnte um mich herum alle Arten von Wrackteilen sehen. Ich konnte die Lampe an meiner Rettungsweste nicht in Gang kriegen und schwamm so auf das größte Wrackstück zu, das ich in der Dunkelheit sehen konnte. Es stellte sich heraus, daß dieses das Rettungsboot Nr. 1 war. Es war eben untergegangen, als es bei der zweiten Explosion beschädigt wurde. An diesem hingen einige Menschen an der Bordkante, die bis zur Wasseroberfläche eingetaucht war; andere saßen in dem überfluteten Rettungsboot.

Ich kletterte an Bord und hatte eine gute Sichtmöglichkeit, um festzustellen, ob das Rettungsboot beschädigt war. Einiges der Ausrüstung war weggeschwommen, und was übriggeblieben war, war vollständig in Unordnung. Einige Inder waren dort; einzelne Frauen und Kinder und zwei männliche, europäische Passagiere waren in dem Rettungsboot. Ich setzte ihnen auseinander, daß, wenn einige von ihnen außenbords gingen und sich an die Bordkante oder an Wrackstücke in der Nähe nur für wenige Minuten hingen, könnten wir das Rettungsboot ausschöpfen und es wieder seetüchtig machen. Die Frauen waren diejenigen, die unverzüglich handelten.

Sie kletterten außenbords, und, von den Rettungswesten über Wasser gehalten, bemühte sich jede einzelne, sich an einem in der Nähe schwimmenden leeren Behälter festzuhalten. Mich erfüllte große Hochachtung vor diesen Frauen und Kindern. Eine Frau, deren Name, wenn ich mich recht erinnere, Lady Tibbs war, hatte drei Kinder; und diese vier waren die ersten, die zu dem Behälter schwammen. Eine junge Frau war in dem Rettungsboot zurückgeblieben, mit zwei Säuglingen in ihren Armen.

Wir Männer begannen nun das Wasser auszuschöpfen. Das war eine lange und beschwerliche Arbeit, denn gerade wenn wir die Bordkante einige Zoll klar hatten, rollte die leichte Dünung hinein und überschwemmte das Rettungsboot wieder. Schließlich brachten wir es fertig, das Rettungsboot auszuschöpfen, und begannen dann Überlebende aufzunehmen, die auf Flößen trieben oder gerade schwammen. Als wir so arbeiteten, konnten wir sehen, daß die CITY OF CAIRO noch schwamm, aber viel tiefer im Wasser, bis wir hörten, daß irgendeiner sagte: ‚Da geht sie hin.' Wir beobachteten ihren Untergang, das Heck zuerst, ihr Bug hoch in die Luft, sank die CITY OF CAIRO am 6. November 1942 auf der Position 23°30′S/05°30′W in die Tiefe des Südatlantiks. Es wurde keine Gemütsbewegung gezeigt, wir waren alle still. Ich erwartete, daß die anderen ebenso wie ich selbst verwundert gewesen wären über das, was uns noch zustoßen sollte."

In den folgenden Tagen wurden die Rettungsboote der CITY OF CAIRO weit voneinander getrennt. Einige waren vom Glück begünstigt. Am 19. November 1942 gab der britische Dampfer CLAN ALPINE (5442 BRT) 129 Überlebende in St. Helena an Land. Andere trieben endlos im Südatlantik. Am 12. Dezember 1942 sichtete der britische Dampfer THEMISTOCLES (11 231 BRT) ein Rettungsboot mit Leichen im Südatlantik auf der Position 20°54′S/10°36′E. Am 27. Dezember 1942 wurde ein Rettungsboot der CITY OF CAIRO mit dem Dritten Offizier und einem weiblichen Passagier, die beide noch lebten, übernommen. Das Rettungsboot Angus McDonalds war eines der unglücklichsten. Er hat eine erschütternde Darstellung über das schwere Schicksal der an Bord Befindlichen niedergeschrieben:

„Es war kein Wasser mehr übrig geblieben, und Jack Oakie, Jack Little sowie der Heizer aus Zanzibar starben alle in einer Nacht. Es dauerte fast einen ganzen Tag, daß wir Übriggebliebenen sie vom Boden des Rettungsbootes aufhoben und sie über Bord rollten. Der Führer der Inder war nun bewußtlos, und Joe Green sprach nur noch verwirrtes Zeug. Da trieben einige Wolken über uns, aber kein Anzeichen von Regen. Ich hatte die Mitrechnung der Tage verloren. Bis zum Ende der vierten Woche hatte ich das Tagebuch von Mr. Britt weitergeschrieben, doch danach schien alles bei Tage und Nacht gleich zu sein. Diana hatte die Krankheit, die fast jeder, einer nach dem anderen zu erleiden hatte: ein wunder Hals und ein dicker, gelber Schaum, der aus dem Mund hervorquoll. Ich denke, das war uns allen vorausbestimmt, die wir die ganze Zeit in der dampfenden Hitze lagen und nie richtig trokken wurden. Die Segel waren nun herunter und über das Rettungsboot ausgebreitet, als ich zu schwach war, irgend etwas für die Fahrt des Rettungsbootes zu veranlassen. Entgegen jedem Ratschlag tropfte ich geringe Mengen Seewasser häufig in meinen Hals . . .“

Am 12. Dezember 1942 wurden der Bootsmann Angus McDonald, ein anderer und ein Mädchen von dem deutschen Blockadebrecher RHAKOTTS (6753 BRT) gerettet – einem HAPAG-Frachter, der unter Kapitän Jacobs am 27. September 1942 von Yokohama ausgelaufen war.

Das Mädchen starb nach einer Halsoperation, aber die anderen beiden überlebten. Die RHAKOTTS wurde am 1. Januar 1942 im Nordatlantik auf der Höhe von Kap Finisterre von dem britischen Flak-Kreuzer SCYLLA (5450 t) versenkt.

Nach einem weiteren Zeitabschnitt in einem offenen Kutter beendete der Bootsmann des britischen Passagier-Frachtschiffes CITY OF CAIRO, Angus McDonald, seine Odyssee auf einem deutschen Unterseeboot, das von einem britischen Zerstörer noch mit Wasserbomben beworfen wurde, bevor es am 4. Januar 1942 in den Stützpunkt St. Nazaire einlief.

Nach der Versenkung der CITY OF CAIRO hatte Korvettenkapitän Merten auf U 68 noch drei Torpedos übrig. Am 14. November 1942 wurde er durch das Insichtkommen eines 8000-BRT-Schiffes in einer Sperrzone von Gewissensqualen heimgesucht. In dieser Seeregion war es deutschen U-Booten nämlich nicht erlaubt, Angriffe durchzuführen, weil der Fahrweg für deutsche Blockadebrecher freigehalten wurde. Dafür wurden seine Gedanken am Morgen des 17. November 1942 durch einen persönlichen Funkspruch Hitlers wieder in andere Bahnen gelenkt. Darin hieß es:

„In dankbarer Anerkennung Ihres heldenhaften Kampfes für die Zukunft unserer Nation verleihe ich

Ihnen als 147. Soldaten der Deutschen Wehrmacht das Eichenlaub zum Ritterkreuz des Eisernen Kreuzes. Adolf Hitler."

Von Obersteuermann Walter Meyer stammt folgender Bericht über die Rückreise von U 68:

„Sehr wenig begab sich hiernach. Als die Zeit sich hinzog, fielen die Ausguckposten auf der Brücke einer gewissen ‚Melde-Psychose' zum Opfer. Ungewöhnliche Wolkengebilde während des Sonnenuntergangs am westlichen Horizont wurden als Schlachtschiffe oder Flugzeugträger gemeldet. Einige harmlose Seevögel verursachten Fliegeralarm. Einmal jagten wir vier Stunden einen Wal mit allem, was wir konnten – seine Atemsäule war als Rauch eines großen Frachtschiffes angesprochen worden.

Nördlich des Äquators trafen wir ein Schulschiff der portugiesischen Marine. Es stellte einen unvergeßlichen Anblick dar, als es prächtig unter seinen schneeweißen Segeln dahinsegelte. Wir beobachteten es – es neidisch mit unserer schmierigen, muffigen Blechröhre vergleichend.

Auf der Höhe der Kapverden erhielten wir eine zweite Betriebsstoffergänzung und Proviant von einem Versorgungs-U-Boot und trafen Kptlt. Zschech mit U 505. Das letztere war schwer behämmert worden, als es vor der brasilianischen Küste in der Nähe von Trinidad operierte.

Nach der Ergänzung beeilten wir uns, unsere Heimreise fortzusetzen, passierten in weitem Abstand die Kanarischen Inseln und die Azoren. Bei Nacht begegneten wir, dicht unter der spanischen Küste auf Nordkurs fahrend, vielen Fischereifahrzeugen. Nachdem wir die Nordwestecke von Spanien umrundet hatten, liefen wir getaucht entlang der Nordküste Spaniens in östlicher Richtung. In der folgenden Nacht drehten wir auf Nordkurs und liefen mit voller Fahrt voraus in die Biskaya.

Während der ganzen Nacht fuhren wir vom Gegner unbelästigt. Auch erwarteten wir nicht ein Flugzeug zu sehen, weil unser ‚Metox' es uns zu rechter Zeit angezeigt hätte. Nun waren wir überzeugt, daß das ‚Metox' der gute und zuverlässige Freund des Seemanns sei. Später, als wir sicher zu Hause waren, haben die Werftfachleute herausgefunden, daß das Kabel an 16 Stellen gebrochen war und das Gerät nicht hätte anzeigen können, sogar dann nicht, wenn die ganze Royal Air Force* erschienen wäre.

Nach einem weiteren Tag Unterwasserfahrt erreichten wir die 200-m-Linie, und mit allem, was wir drin hatten laufend, kamen wir zu einem Ankerplatz vor de Isle des Eu, wo wir die letzte Nacht auf See verbrachten.

Am folgenden Morgen wurden wir durch den Minengürtel geleitet und machten an der Pier fest, wo eine Blaskapelle und all das übliche Drum und Dran uns begrüßten. Am Sehrohr wehte stolz für jedes versenkte Schiff ein weißer Wimpel im Wind und zeigte die Tonnage an – es waren neun."

Am 6. Dezember 1942 lief Korvettenkapitän Merten mit U 68 in den Stützpunkt Lorient ein. Er war der erste Kommandant der „U-Boot-Gruppe ‚Eisbär'", der mit seinem Boot von einer Operation im Seegebiet vor Kapstadt nach Europa zurückkehrte.

* brit. Luftwaffe

Korvettenkapitän Poske traf mit U 504 am 11. Dezember, Kapitänleutnant Emmermann mit U 172 am 27. Dezember und Kapitänleutnant Witte mit U 159 am 5. Januar 1943 in Lorient ein.

Das von Korvettenkapitän Hartenstein mit U 156 versenkte britische Passagierschiff LACONIA eingerechnet, hatten die Kommandanten der Gruppe „Eisbär" mit ihren Booten über 31 Schiffe von annähernd 214 000 BRT versenkt.

Versenkungen durch die „U-Boot-Gruppe EISBÄR“ vom 7. Oktober bis 15. November 1942

Dat./ Uhr	U-Boot	Kommandant	Schiffsname	BRT	(ex Name)	Nation	Marine-quadrat	Position
Oktober 1942								
07./05.02	U-172	Kptlt. Emmermann	CHICKASAW CITY	6196		am-Dampfer	GR 5593	34°15′S/17°11′E
07./09.26	U-172	Kptlt. Emmermann	FIREHORN	4700	(NORDEN)	pa-Mot.Sch.	GR 5671	34°13′S/17°21′E
07./22.23	U-159	Kptlt. Witte	BORGINGIA	5821		br-Dampfer	GR 5881	35°09′S/16°32′E
08./01.40	U-172	Kptlt. Emmermann	PANTELIS	3845	(GLEN-BRIDGE)	gr-Dampfer	GR 5649	34°20′S/17°50′E
08./02.31	U-68	K.Kpt. Merten	KOUMOUN-DOUROS	3598	(DAY-BREAK)	gr-Dampfer	GR 5689	34°10′S/17°07′E
08./03.46	U-68	K.Kpt. Merten	GAASTER-KERK	8679	(GAASTER-DIJK)	nl-Dampfer	GR 5932	34°20′S/18°10′E
08./09.05	U-159	Kptlt. Witte	CLAN MACIAVISH	7631		br-Dampfer	GR 5856	34°53′S/16°45′E
08./17.31	U-179	K.Kpt. Sobe	CITY OG ATHENS	6558		br-Dampfer	---	33°40′S/17°03′E
08./20.51	U-68	K.Kpt. Merten	SWIFTSURE	8206		am-Tur-bo.Sch.	GR 5939	34°40′S/18°25′E

Versenkungen durch die „U-Boot-Gruppe EISBÄR“ vom 7. Oktober bis 15. November 1942

Dat./ Uhr	U-Boot	Kommandant	Schiffsname	BRT	(ex Name)	Nation	Marine-quadrat	Position
Oktober 1942								
08./22.02	U-68	K.Kpt. Merten	SARTHE	5 271		br-Dampfer	GR 5693	34°50′S/18°40′E
09./03.44	U-68	K.Kpt. Merten	EXAMELIA	4 981	(COER DALENE)	am-Dampfer	GR 5965	34°52′S/18°30′E
09./04.54	U-68	K.Kpt. Merten	BELGIAN FIGHTER	5 403		br-Dampfer	GR 5965	35°00′S/18°30′E
09./11.54	U-159	Kptlt. Witte	COLORADAN	6 557	(WILLBO-RO)	am-Dampfer	GR 8144	35°47′S/14°34′E
10./10.28	U-172	Kptlt. Emmermann	ORCADES	23 456		br-Dampfer	GR 7335	31°51′S/14°40′E
13./13.37	U-159	Kptlt. Witte	EMPIRE NOMAD	7 167		br-Dampfer	GR 8996	37°50′S/18°16′E
17./06.15	U-504	K.Kpt. Poske	EMPIRE CHAUCER	5 970		br-Dampfer	JJ 1313	40°20′S/18°30′E
23./23.12	U-504	K.Kpt. Poske	CITY OF JOH-ANNESBURG	5 669		br-Dampfer	KZ 1972	33°20′S/29°30′E
26./18.43	U-504	K.Kpt. Poske	ANNE HUT-CHINSON	6 800		am-Dampfer	KZ 1864	33°10′S/28°30′E
29./12.26	U-159	Kptlt. Witte	ROSS	4 978		br-Mot.Sch.	JJ 2511	38°51′S/21°40′E
29./21.18	U-159	Kptlt. Witte	LAPLACE	7 327		br-Dampfer	JJ 2795	40°35′S/21°35′E

Versenkungen durch die „U-Boot-Gruppe EISBÄR“ vom 7. Oktober bis 15. November 1942

Dat./ Uhr	U-Boot	Kommandant	Schiffsname	BRT	(ex Name)	Nation	Marine-quadrat	Position
Oktober 1942								
31./09.03	U-504	K.Kpt. Poske	EMPIRE GUIDON	7 041		br-Dampfer	KP 9787	30°10′S/33°55′E
31./17.18	U-504	K.Kpt. Poske	REYNOLDS	5 113		br-Dampfer	KP 9843	29°00′S/41°00′E
31./22.23	U-172	Kptlt. Emmermann	ALDINGTON COURT	4 891		br-Mot.Sch.	GP 3211	30°20′S/02°10′W
November 1942								
02./21.43	U-172	Kptlt. Emmermann	LLANDILO	4 966		br-Dampfer	GG 4769	27°03′S/02°59′W
03./16.42	U-504	K.Kpt. Poske	PORTO ALEGRE	5 187	(GILDA)	bz-Dampfer	KZ 4589	35°27′S/28°02′E
06.21.36	U-68	K.Kpt. Merten	CITY OF CAIRO	8 034		br-Dampfer	GF 3811	25°30′S/05°30′W
07./22.50	U-159	Kptlt. Witte	LA SALLE	5 462		am-Dampfer	GR 7599	40°00′S/21°30′E
13./08.45	U-159	Kptlt. Witte	STAR OF SCOTLAND	2 290		am-Segler	GG 5811	26°30′S/00°20′W

Die Kommandanten der Gruppe „Eisbär" und ihre Boote

U 68, K.Kpt. Merten, Karl-Friedrich:
geb. 15.8. 1905 in Posen
Eintritt in die Reichsmarine 1.4. 1926 (Crew IV/26)
Kommandant von 2. 1941 bis 1. 1943
Fünf Feindfahrten insgesamt.

1. Fahrt: 29. 6.–1. 8. 1941
Nordatlantik, 1 britische Korvette aus Konvoi OG 69 versenkt.

2. Fahrt: 1. 9.–23. 12. 1941
Südatlantik, 6 Handelsschiffe mit insgesamt 34 291 BRT, davon 3 aus dem Konvoi SL 71 versenkt.

3. Fahrt: 11. 2.–13. 4. 1942
Seegebiet vor Freetown/Sierra Leone (Westafrika), 7 Handelsschiffe mit insgesamt 39 530 BRT versenkt.

4. Fahrt: 14. 5.–10. 7. 1942
Westatlantik und Karibik, 7 Handelsschiffe mit insgesamt 50 774 BRT versenkt.

5. Fahrt: 20. 8.–6. 12. 1942
Südafrika, „U-Boot-Gruppe ‚Eisbär'", 9 Handelsschiffe mit insgesamt 56 329 BRT versenkt.
Ritterkreuz des Eisernen Kreuzes am 13. 6. 1942;
147. Eichenlaub zum Ritterkreuz des Eisernen Kreuzes am 16. 11. 1942

U 156, K.Kpt. Hartenstein, Werner:
geb. 27. 2. 1908 in Plauen/Vogtland
Eintritt in die Reichsmarine 1. 4. 1928 (Crew IV/28)
Kommandant von 9. 1941 bis 3. 1943
Vier Feindfahrten insgesamt.

1. Fahrt: 19. 1.–17. 3. 1942
Westatlantik
2. Fahrt: 22. 4.–7. 7. 1942
Westatlantik
3. Fahrt: 20. 8.–16. 11. 1942
Auf dem Marsch nach Südafrika aus der „U-Boot-Gruppe ‚Eisbär'" nach der Versenkung des britischen Passagierdampfers LACONIA im Mittelatlantik herausgezogen.
4. Fahrt: 9. 2.–8. 3. 1943
Nordatlantik
Gefallen am 8. 3. 1943 mit der gesamten Besatzung durch Fliegerbomben auf der Position 12°38'N/54°39'W.
Bei diesen Unternehmungen wurden versenkt: der amerikanische Zerstörer BLAKELEY (1060 t) und 19 Handelsschiffe mit insgesamt 120 212 BRT
und beschädigt: 3 Handelsschiffe mit insgesamt 18 439 BRT.
Ritterkreuz des Eisernen Kreuzes am 17. 9. 1942

U 159, Kptlt. Witte, Helmut:
geb. 6. 4. 1915 in Bojendorf/Fehmarn
Eintritt in die Reichsmarine 1. 4. 1934 (Crew IV/34)

Kommandant von 10. 1941 bis 6. 1943
Vier Feindfahrten insgesamt.
1. Fahrt: Mai 1942
Überführungsfahrt von Stettin–Kiel–Lorient. Dabei Wetterbojen an der englischen Westküste gelegt und 2 Handelsschiffe mit insgesamt 9175 BRT versenkt.
2. Fahrt: 3. 6.–2. 8. 1942
Westatlantik und Karibik, 8 Handelsschiffe mit insgesamt 41 197 BRT und 2 nicht identifizierte Segler versenkt.
3. Fahrt: 19. 8.1942–5. 1. 1943
Südafrika, „U-Boot-Gruppe ‚Eisbär'", 11 Handelsschiffe mit insgesamt 63 730 BRT versenkt.
4. Fahrt: 22. 3.–9. 5. 1943
Nordatlantik, 1 Handelsschiff mit 4621 BRT versenkt.
Ritterkreuz des Eisernen Kreuzes am 22. 10. 1942.

U 172, Kptlt. Emmermann, Carl:
geb. 6. 3. 1915 in Hamburg
Eintritt in die Reichsmarine 1. 4. 1934 (Crew IV/34)
Kommandant von 9. 1941 bis 10. 1943
Fünf Feindfahrten insgesamt.
1. Fahrt: März 1942
Überführungsfahrt von Stettin–Kiel–Lorient
2. Fahrt: 24. 5.–30. 7. 1942
Westatlantik und Karibik, 9 Handelsschiffe mit insgesamt 47 059 BRT und 2 Segler mit insgesamt 160 BRT versenkt.

3. Fahrt: 19. 8.–27. 12. 1942
Südafrika, „U-Boot-Gruppe ‚Eisbär'", 6 Handelsschiffe mit insgesamt 48 054 BRT versenkt.
4. Fahrt: 24. 2.–15. 4. 1943
Mittelatlantik, 5 Handelsschiffe mit insgesamt 28 374 BRT versenkt.
5. Fahrt: 2. 6.–14. 8. 1943
Mittelatlantik vor der brasilianischen Küste, 4 Handelsschiffe mit insgesamt 22 946 BRT versenkt.
Ritterkreuz des Eisernen Kreuzes am 27. 11. 1942,
256. Eichenlaub zum Ritterkreuz des Eisernen Kreuzes am 4. 7. 1943.

U 179, K.Kpt. Sobe, Ernst:
geb. 2. 9. 1904 in Zschorna/Bautzen
Eintritt in die Reichsmarine 1. 4. 1924 (Crew IV/24)
Kommandant von 3. 1942 bis 10. 1942
2 Feindfahrten insgesamt.
1. Fahrt: Juli 1942
Überführungsfahrt von Stettin–Kiel–Lorient
2. Fahrt: 20. 8.–15. 10. 1942
Südafrika, „U-Boot-Gruppe ‚Eisbär'", 1 Handelsschiff mit 6558 BRT versenkt.
Gefallen am 8. 10. 1942 mit der gesamten Besatzung vor Kapstadt auf der Position 33°28′S/17°05′E durch Wasserbomben des britischen Zerstörers ACTIVE (1350 t).

U 504, K.Kpt. Poske, Fritz:
geb. 23. 10. 1904 in Berlin
Eintritt in die Reichsmarine 3. 4. 1923 (Crew IV/23)
Kommandant von 6. 1941 bis 1. 1943
Vier Feindfahrten insgesamt.

1. Fahrt: Dezember 1941
Überführungsfahrt von Stettin–Kiel–Lorient
2. Fahrt: 15. 1.–30. 3. 1942
Westatlantik, 4 Handelsschiffe mit insgesamt 26 561 BRT versenkt.
3. Fahrt: 20. 5.–3. 7. 1942
Westatlantik, 6 Handelsschiffe mit insgesamt 19 903 BRT versenkt.
4. Fahrt: 19. 8.–11. 12. 1942
Südafrika, „U-Boot-Gruppe ‚Eisbär'", 7 Handelsschiffe mit insgesamt 42 714 BRT versenkt.
Ritterkreuz des Eisernen Kreuzes am 6. 11. 1942.

Nachwort

Allein die Magie dieses Wortes beschwört die beklemmende Faszination eines schier außermenschlichen Ringens in den Abgründen der Weltmeere herauf, läßt Erinnerungen wach werden an die deutschen Unterseebootfahrer zweier Weltkriege, an ihre Triumphe und ihre Tragik. Sie führten in diesen engen Stahlröhren einen beispiellosen, jedoch aussichtlosen Kampf. Ihre Torpedos versenkten feindliche Flugzeugträger, Schlachtschiffe, Kreuzer, Zerstörer, Korvetten, Tanker und Frachtschiffe, ehe viele von ihnen selbst der Vernichtung anheimfielen. Sie kämpften in den unermeßlichen Weiten des Atlantiks, am Nordkap, im Mittelmeer, in den fernen tropischen Zonen des Indischen Ozeans, wagten sich bis zu den Küstenstränden Asiens.

Fünf Jahre und acht Monate dauerten ihr tragisches und verlustreiches Ringen und das Martyrium ihrer unerschrockenen Besatzungen während des letzten Weltkrieges. Für nahezu dreißigtausend Angehörige der U-Boot-Waffe – das sind mehr als siebzig Prozent aller U-Boot-Fahrer – gab es keine Heimkehr. Die wenigen Überlebenden gedenken in stiller Trauer ihrer gefallenen Kameraden. Für die meisten unter uns, die wir in einer friedlichen Zeit leben, sind es vergessene Schicksale – ein Hauch von Seegeschichte, den der Wind davonwehte, als habe alles gar nicht stattgefunden.

Nirgendwo auf der Welt spielten in der Seekriegsgeschichte U-Boote eine dermaßen bedeutende und zugleich dramatische Rolle wie in Deutschland. Allein der Zweite Weltkrieg zählte rund 6000 Kampfhandlungen, in die deutsche U-Boote verwickelt waren. Aus Jägern, die sie zu Kriegsbeginn waren, wurden Gejagte, Gehetzte. Aus den „Grauen Wölfen“, wie man sie einst zur Zeit der großen Rudelschlachten respektvoll nannte, wurde gegen Kriegsende ein waidwundes Wild, das schließlich in den Fängen eines technisch und materialmäßig überlegenen Gegners zerrissen wurde. Die nahezu diabolischen Auswirkungen moderner Technik wurden ihnen trotz aller Mühen zum unabwendbaren Verhängnis. Sie kämpften auf verlorenem Posten bis an die Grenze des für Menschen Erträglichen. Im engmaschigen, sich stetig mehr zusammenziehenden Funkpeil- und Radarnetz der gegnerischen Abwehr gab es ab 1943 für diese Stahlfische kein Entrinnen. Ihr zweimaliger vergeblicher Griff im Ersten und Zweiten Weltkrieg nach den Lorbeeren des Sieges endete jeweils in dunklem Grauen. In beiden Fällen entzog ihnen nach anfänglichen Erfolgen das Schicksal seine Gunst. Der ungeheure Opfergang der U-Boot-Männer findet in der Geschichtsschreibung kaum seinesgleichen. Allein die Ozeane blieben am Ende Sieger, und Zehntausenden sind sie zum nassen Grab geworden. Die See hinterläßt keine Spuren, auf ihrer blanken Oberfläche liegen keine Trümmer, ragen keine Ruinen empor, ruhen keine stummen Zeugen einer zerschlagenen Flotte. Der erschütternde Niedergang der U-Boote ist heute nahezu in Vergessenheit geraten, die Erinnerung an das Kriegsgeschehen und das Leiden der Besatzungen durch die Probleme der Gegenwart verdrängt worden. Es gab zweifellos erfolgreiche und sieggewohnte Boote.

Aber die wenigsten von ihnen steuerten einen glückhaften Kurs. Zu Beginn des Krieges verfügte die U-Boot-Waffe über eine gut ausgebildete, einsatzfreudige Gemeinschaft junger Männer. Alle waren sie freiwillig zu den neuen U-Boot-Flottillen gekommen, und anfangs war ihnen zumeist auch eine glückliche Heimkehr beschieden. Doch dann, im weiteren Verlauf des Krieges, mußten neue, noch jüngere Besatzungen gegen eine erdrückende Übermacht eine ausweglose Schlacht führen.

In der Kriegsberichterstattung hieß es immer wieder: „Von Feindfahrt nicht zurückgekehrt." Hinter diesen Worten verbargen sich die unbeschreiblichen Schicksale von etwa 45 bis 50 Männern einer U-Boot-Besatzung – meist prachtvolle, energiegeladene, noch junge, kerngesunde Menschen der Jahrgänge 1915 bis 1925, die zur U-Boot-Waffe abkommandiert worden waren. Woher nahm diese Handvoll Seeleute die Kräfte, mit ihren relativ winzigen Booten immer wieder hinauszufahren? Woher schöpften sie den Mut, sich in Minenfelder oder den Wasserbombenhagel zu begeben? Was half ihnen, die feindliche Sperrbewachung zu durchdringen, sich hineinzuwagen in stark gesicherte Geleitzüge, in die Bombensalven und Geschoßgarben gegnerischer Flugzeuge, hinabzutauchen in die Einsamkeit der Meerestiefen, obwohl sie wußten, welchen Schicksalsmächten sie sich auslieferten? Was gab ihnen den zähen Willen – vom Feind bedrängt –, auf ihren Stationen zu stehen, am Tiefenruder auszuharren, am Motorenstand auszuhalten, im Funkschapp, im Horchraum, am Sehrohr ...? Es war nicht nur Draufgängertum, das jungen Leuten eigen ist, weder kühner Opfermut noch selbstlose Hingabe an Ideale, eher Pflichterfüllung. Ihr zuversichtlicher Glaube an die Gerechtigkeit ihrer Aufgabe verlieh ihnen jene außergewöhnliche Härte, die nötig war, um auch die unvorstellbarsten Belastungsproben psychischer und vor allem physischer Art zu ertragen.

Im Ersten Weltkrieg von 1914 bis 1918 nahmen 369 deutsche Unterseeboote den Handelskrieg gegen die Blockademächte auf. Sie versenkten rund 12 Millionen Bruttoregistertonnen gegnerischen Frachtschiffraumes. 5249 U-Boot-Fahrer blieben auf den Weltmeeren.

Anfang September 1939, zu Beginn des Zweiten Weltkrieges, verfügte die deutsche Kriegsmarine über 57 U-Boote. Im Laufe der Kriegsjahre wurden 1098 Neubauten und 15 von anderen Marinen übernommene Boote in Dienst gestellt. Diese vernichteten 14,3 Millionen Bruttoregistertonnen feindlicher Frachtschifftonnage. Fast vierzigtausend U-Boot-Fahrer kämpften achtundsechzig Monate lang auf allen Ozeanen. Für 28 751 von ihnen gab es keine Heimkehr mehr. Von der Ahnung heimgesucht, daß sie mit größter Wahrscheinlichkeit eine Fahrt ins Verderben antraten, verließen sie ihre Heimathäfen, um dann im Ozean ihr Totenbett zu finden. Die meisten U-Boot-Männer sind gefallen. Weder Kreuze noch Blumen zieren ihre Seemannsgräber, aber auf den Bronze-Tafeln im U-Boot-Ehrenmal von Möltenort leben sie für ihre Angehörigen in der Erinnerung weiter.

Technische Hauptdaten der Boote der Gruppe „Eisbär“

Typ:	Hochseetauchboot IX C/41 und IX D/41
Bauwerft:	Blohm & Voss, Hamburg
Baujahr:	1943
Länge über alles:	76,50 m
Größte Breite des Schiffskörpers:	6,76 m
Mittlerer Tiefgang mit Kiel:	4,70 m
Gesamthöhe von UK-Kiel bis OK-Schanzkleid:	9,60 m
Durchmesser des Druckkörpers:	4,40 m
Wandstärke des Druckkörpers:	20,50 bis 21,00 mm
Wandstärke Turmplatte im Bereich Zentrale:	25,00 mm
Verdrängung über Wasser:	1120 m^3
Verdrängung unter Wasser:	1232 m^3
Gesamt-Formverdrängung unter Wasser:	1540 m^3
Reserveauftrieb:	ca. 102 t
Gebrauchstauchtiefe:	100 m (normal)
Gefechtstauchtiefe:	200 m (kurzzeitig vertretbar)
Rechnerische Zerstörungstauchtiefe:	300 m

größte erreichte Tauchtiefe:	250 m
Tauchzeit gestoppt:	50 sec. bis zum Erreichen von 10 m Tauchtiefe
Alarmtauchzeit in Fahrt:	35 sec
Höchstgeschwindigkeit über Wasser:	18,3 kn/max. bei 4400 PSe
Höchstgeschwindigkeit unter Wasser:	4,0 kn
Fahrbereich mit hoher Geschwindigkeit:	5000 sm bei 18,3 kn
Fahrbereich mit Marschfahrt:	13 450 sm bei 10,0 kn
Gesamtfahrbereich mit Diesel und E-Motoren:	16 800 sm bei 10 kn
Gesamtfahrbereich mit E-Motoren unter Wasser:	128 sm bei 2 kn u. 63 sm bei 4 kn
Treibstoffvorrat:	208 t Dieselöl (dazu Akku-Kapazität)
Armierung: 4 Bug- und 2 Hecktorpedorohre	53,3 cm Durchmesser, alle unter Wasser angeordnet
Anzahl der max. Torpedos:	16 (6 in Oberdecktuben)

	1 Geschütz 10,5 cm 1 Fla-Maschinenwaffe (Mw) 3,7 cm 2 Fla-Mw 2 cm
Antriebsanlage:	Sogenannte Zweiwellenanlage mit direktem Dieselantrieb bei Überwasserfahrt
Anzahl und Art der Dieselmotoren:	2 MAN-9-Zylinder-Viertakt-Diesel mit Aufladung
Anzahl und Art der E-Motoren:	2 Siemens-Schukkert-Werke-Doppelmaschinen, die wahlweise als Antriebs-Elektromotor oder Ladegenerator zum Aufladen der Batterien geschaltet werden konnten.
Effektive Antriebsleistung je E-Motor:	375 PSe (276 KW) bei 295 U/min 324 bis 376 PSe bei 280 bis 295 U/min

Akkumulatoren:	2 Teilbatterien à 62 Doppelzellen
Zellentyp:	44 MAL740 W
Hersteller:	AFA (später Varta AG)
Kapazität:	9260 Ah bei 20stündiger Entladung, 4630 Ah bei 10stündiger Entladung
	2 Dreiflügel-Schrauben, 1,92 m Durchmesser
Besatzung:	4 Offiziere/44 Mann

Zahlen zum deutschen U-Boot-krieg 1939/45

Die deutsche U-Boot-Waffe verfügte am 1. 9. 1939 über 57 U-Boote.

Vom 1. 9. 1939 bis 8. 5. 1945 wurden von der deutschen Kriegsmarine weitere 1113 U-Boote in Dienst gestellt, davon 1099 Neubauten deutscher Werften, 4 Neubauten ausländischer Werften und 10 erbeutete ausländische U-Boote.

Von diesen 1170 in Dienst gestellten deutschen U-Booten kamen 863 zum Fronteinsatz und haben eine oder mehr Feindfahrten gemacht.

Auf Feindfahrten gingen 630 deutsche U-Boote, davon 603 durch Feindeinwirkung, 20 aus bisher ungeklärter Ursache und 7 durch Unfälle verloren.

Im Heimatgebiet und in den Einsatzhäfen gingen durch Feindeinwirkung (Bombenangriffe und Minen) 81 U-Boote verloren, weitere 42 durch Unfälle.

Bei der Räumung von Stützpunkten und bei Kriegsende wurden 215 U-Boote durch die eigene Besatzung gesprengt oder versenkt. (Ein Teil dieser Boote wurde später durch die Alliierten wieder gehoben.) 38 U-Boote wurden während des Krieges wegen irreparabler Schäden oder Überalterung außer Dienst gestellt. 11 U-Boote wurden an fremde Marinen abgegeben bzw. beschädigt in fremden Häfen interniert.

153 U-Boote wurden bei Kriegsende in britische oder alliierte Häfen überführt.

Deutsche U-Boote erzielten folgende, namentlich von alliierter Seite bestätigte Erfolge gegen Kriegsschiffe (einschließlich Minenerfolgen):

Typ	**versenkt**	**beschädigt**
Flottenflugzeugträger	3	–
Geleitflugzeugträger	3	2
Schlachtschiffe	2	3
Leichte Kreuzer	5	6
Minenkreuzer	1	1
Zerstörer	34	11
Geleitzerstörer	18	13
Fregatten	2	4
Korvetten	26	3
Sloops	13	4
Hochsee-Minensucher	10	–
Unterseeboote	9	–
Küsten-U-Jäger	3	–
Kanonenboote	1	–
Schnellboote, Räumboote	3	1
Landungsfahrzeuge	13	–
Depotschiffe	2	–
Flugzeugtender	1	–

Deutsche U-Boote versenkten:	2882 Handelsschiffe mit 14 408 422 BRT
und beschädigten:	264 Handelsschiffe mit 1 989 703 BRT

Von den versenkten Schiffen entfielen auf den Bereich des:

BdU (Atlantik, Indischer Ozean):	2462 Schiffe mit 13 008 833 BRT

FdU* West (Nordsee):	105 Schiffe mit 224 615 BRT
FdU Mittelmeer:	135 Schiffe mit 532 805 BRT
FdU Nordmeer:	29 Schiffe mit 64 885 BRT
Ostsee:	18 Schiffe mit 8 600 3BRT
Schwarzes Meer:	26 Schiffe mit 45 426 3BRT
Minenerfolge insgesamt:	55 Schiffe mit 199 236 BRT

* Führer der U-Boote

Britische Geleitzugbezeichnungen

HG:	Gibraltar – England
OG:	England – Gibraltar
HX:	Halifax (Neuschottland) – England
ON:	England – Halifax
SC:	Sydney (Neuschottland) – England
ONS:	England – Sydney
SL:	Sierra Leone (Westafrika) – England
OS:	England – Sierra Leone
WS:	Truppentransporte nach dem Nahen Osten

Quellen- und Literaturverzeichnis

Die Kriegstagebücher von U 68, U 156, U 179 und U 504, Bundes-Militärarchiv in Freiburg.

Das Originalmanuskript des Kapitels 17 der kriegsgeschichtlichen Dokumentation der Königlich-Südafrikanischen Marine, erarbeitet unter Auswertung sämtlicher Dokumentationen beider Seiten sowie persönlicher Erinnerungen von der UNION WAR HISTORIES der südafrikanischen Regierung.

Dönitz: „10 Jahre und 20 Tage", Bernard & Graefe Verlag für Wehr und Wissen, München 1975.

Rohwer, J.: „Die U-Boot Erfolge der Achsenmächte 1939–1945", J. F. Lehmanns Verlag, München 1968.

Bredt, Alexander: „Weyers Taschenbuch der Kriegsflotten", XXXVI. Jahrgang 1943/44, J. F. Lehmanns Verlag, München/Berlin 1944.

Gröner, Erich: „Die deutschen Kriegsschiffe 1815–1945", Bd. 1, J. F. Lehmanns Verlag, München 1966.

Lohmann, W. und Hildebrand Hans H.: „Die Deutsche Kriegsmarine 1939–1945", Bd. 1 und 3, Verlag Hans-Henning Podzun, Bad Nauheim.

Gröner, Erich: „Die Handelsflotten der Welt 1942 und Nachtrag 1944", J. F. Lehmanns Verlag, München (1942) und Reprint 1976.

Gröner, Erich: „Suchliste für Schiffsnamen – Ergänzungsband zu: Die Handelsflotten der Welt 1942", J. F. Lehmanns Verlag, München (1943) und Reprint 1976